Cornelius Hartz

TATORT ANTIKE

Berühmte Kriminalfälle des Altertums

Bibliografische Information der Deutschen Nationalbibliothek
Die Deutsche Nationalbibliothek verzeichnet diese Publikation in der Deutschen Nationalbibliografie; detaillierte bibliografische Daten sind im Internet über <*http://dnb.d-nb.de*> abrufbar.

© 2012 Verlag Philipp von Zabern, Darmstadt/Mainz
ISBN: 978-3-8053-4507-1

Gestaltung: Vollnhals Fotosatz, Neustadt a. d. Donau
Umschlaggestaltung: Katja Holst, Frankfurt am Main
Umschlagabbildung: Dolch: Oleksandr Rozhkov – Fotolia.com,
Lache: sk_design – Fotolia.com

Alle Rechte, insbesondere das der Übersetzung in fremde Sprachen, vorbehalten. Ohne ausdrückliche Genehmigung des Verlages ist es auch nicht gestattet, dieses Buch oder Teile daraus auf fotomechanischem Wege (Fotokopie, Mikrokopie) zu vervielfältigen oder unter Verwendung elektronischer Systeme zu verarbeiten und zu verbreiten.
Printed on fade resistant and archival quality paper (PH 7 neutral) · tcf

Weitere Publikationen aus unserem Programm finden Sie unter:
www.zabern.de

Lizenzausgabe für die WBG (Wissenschaftliche Buchgesellschaft), Darmstadt
ISBN: 978-3-534-25571-9

Umschlaggestaltung: Peter Lohse, Heppenheim

www.wbg-wissenverbindet.de

Elektronisch sind folgende Ausgaben erhältlich:
eBook (PDF): 978-3-8053-4563-7 (Buchhandel)
eBook (epub): 978-3-8053-4564-4 (Buchhandel)
eBook (PDF): 978-3-534-73520-4 (für Mitglieder der WBG)
eBook (epub): 978-3-534-73521-2 (für Mitglieder der WBG)

Inhalt

Vorwort 7

Mord oder Unfall: Tutanchamun (1323 v. Chr.) 9

Mörder im Harem: Ramses III. (1156 v. Chr.) 14

Ein Becher Schierling: Sokrates (399 v. Chr.) 20

Hetäre vor Gericht: Neaira (ca. 340 v. Chr.) 26

Das gewaltsame Ende einer Intrigantin: Olympias (316 v. Chr.) 33

Verhexter Acker: Furius Cresimus (ca. 191 v. Chr.) 41

Unschuldig vor Gericht: Sextus Roscius (80 v. Chr.) 45

Gesprengte Ketten: Spartacus (73 v. Chr.) 55

Machtmissbrauch in großem Stil: Verres (70 v. Chr.) 65

Gescheiterter Putschversuch: Catilina (63 v. Chr.) 72

Frevel in Frauenkleidern: Clodius Pulcher (63 v. Chr.) 79

Die Iden des März: Caesar (44 v. Chr.) 85

Verbannung der eigenen Tochter: Augustus (2 n. Chr.) 94

Hände in Unschuld: Jesus (30 n. Chr.) 101

Mord an der Mutter: Nero (59 n. Chr.) 109

Tod durch Gladiatorenhand: Commodus (192 n. Chr.) 117

Mord für die Thronfolge: Konstantins Söhne (337 n. Chr.) 121

Christlicher Ketzer: Priscillian (385 n. Chr.) 125

Mord an der letzten Philosophin: Hypatia (416 n. Chr.) 130

Liste der Abkürzungen antiker Autoren und Werke 136

Literatur 138

Vorwort

Seit es Menschen gibt, gibt es Verbrechen. Seit prähistorischer Zeit sind menschliche Gesellschaften auf Regeln angewiesen, die das Miteinander ordnen – seien es die Zehn Gebote, die römische Zwölftafelgesetzgebung oder unser heutiges Strafgesetzbuch. Und es hat immer Menschen gegeben, die gegen diese Regeln verstoßen haben. Die hier vorgestellten *Kriminalfälle des Altertums* sind genau das: Verstöße gegen die grundlegenden Prinzipien unserer menschlichen Interaktion. Dabei geht es um Mord, Diebstahl und Raub, um Attentate, falsche Zeugenaussagen und gewiefte Ermittler.

Und doch gibt es einen großen Unterschied all dieser „Fälle" zu unserer heutigen Zeit: In der gesamten klassischen Antike, sei es in Ägypten, Griechenland oder im Römischen Reich, gibt es keinen funktionierenden Polizeiapparat. Gerade für Rom überrascht dies, wird uns doch das Imperium Romanum immer öfter als prä-industrialisierte Moderne vorgestellt. Doch vom alten Rom trennt uns mehr als nur das dunkle Mittelalter, das viele zivilisatorische Errungenschaften wieder in Vergessenheit geraten lässt. Zwar ist unser Wort „Polizei" vom altgriechischen *pólis* („Stadtstaat") bzw. *politeía* („Staat") abgeleitet, doch ein staatliches Organ, das für die Aufrechterhaltung der öffentlichen Ordnung sorgt und als investigative Kraft bei der Verbrechensbekämpfung und -aufklärung hilft, gibt es im Altertum noch nicht. Immerhin besitzt Athen in klassischer Zeit das Beamtenkollegium der Elfmänner, das unter anderem das Staatsgefängnis betreut und bei der Tat überraschte Täter aburteilt (vgl. Krause 2004, 13). In Rom gibt es eine ähnliche Einrichtung (*tresviri capitales*), und in der Kaiserzeit kommen die *vigiles* dazu: Soldaten, die in der dichtbesiedelten Stadt für den Feuerschutz zuständig sind und deren Präfekt „Brandstifter, Hauseinbrecher, Diebe und Hehler" aburteilt (ebd., 45). Daneben gibt es in allen antiken Kulturen Strafmaßnahmen für verurteilte Verbrecher, die heute mehr als skurril erscheinen und sich doch z. T. über Jahrhunderte halten – von der Aporhaphanidosis in Griechenland, bei der dem Delinquenten rektal ein Rettich eingeführt wird, bis zur Säckung in Rom, bei der der Verurteilte mit Schlangen und anderen Tieren in einen Sack eingenäht ins Meer geworfen wird. Und doch: einen Polizeiapparat, wie wir ihn heute kennen, gibt es noch nicht. Wenn beispielswiese ein Mörder nicht in flagranti erwischt wird, ist es damals oft geradezu unmöglich, einen Mordfall aufzuklären. Dass Menschen dennoch für solche Taten verurteilt werden, ist in Rom unter anderem auf die Existenz berufsmäßiger Ankläger zurückzuführen, die am Prozess verdienen wollen (s. S. 47). Die Bestechlichkeit der altrömischen Gerichte ist heute geradezu legendär, und die Quote an Fehlurteilen dementsprechend hoch – später in diesem Band wird uns diese Tatsache noch öfter begegnen. Aber genau deshalb gibt es bei historischen Krimis, die in der Antike spielen, in der Regel keinen Kommissar als Ermittler, sondern Privatleute (am bekanntesten wohl der fiktive Decius Caecilius Metellus, der in John Maddox Roberts populärer Romanreihe SPQR Kriminalfälle löst).

Insofern sind einige der in diesem Band vorgestellten Vorkommnisse weniger Kriminal*fälle* im Sinne eines Krimis mit Tat, Ermittlung und Aufklärung. Manche sind ganz einfach Verbrechen, über die die Nachwelt durch historische Quellen erfahren hat – und mitunter ist dies auch verständlich: Wenn zum Beispiel der römische Kaiser seine Mutter umbringt, wer wollte da der Richter sein?

Die hier vorgestellten 19 Verbrechen umspannen einen Zeitraum von über 1700 Jahren, mehr als uns heute von dem letzten dieser Kriminalfälle trennt. Zugleich bieten sie ein mosaikartiges Panorama der Geschichte des Altertums von Ägypten über Griechenland und das alte Rom bis zur Spätantike und dem frühen Christentum – im Spiegel des Verbrechens. Dass sich die Massenmedien heute immer noch für die Antike interessieren, liegt nicht zuletzt daran, dass sie immer wieder als ein teilweise gesetzloser Ort dargestellt wird. Griechenland und vor allem Rom als Schauplatz von Intrigen und skrupellosen Politikern, ein Ort des „anything goes" – Sex und Crime durchziehen als roter Faden moderne Darstellungen der Antike wie *Gladiator* (Kino, 2000), *Das Schwert von Karthago* (Roman, 2005) oder *Spartacus – Blood and Sand* (TV, 2010).

Der Vorteil *dieses* Buchs jedoch ist, dass alles hier Dargestellte überliefert ist. Auch wenn man bei den antiken Geschichtsschreibern viele Details anzweifeln und überprüfen muss, da deren Zeugnisse meist auf Hörensagen beruhen, so zeigt sich dennoch einmal mehr, dass die Geschichte oft auch die spannendsten Geschichten schreibt – man muss sie nur lesen.

Mord oder Unfall:
Tutanchamun (1323 v. Chr.)

Tutanchamun ist ein Name, der klingt wie kein zweiter. Man verbindet ihn mit wundersamen Goldschätzen, geheimnisvollen Flüchen und frühzeitigem Tod. Erst kürzlich sprengte eine Ausstellung, in der lediglich Repliken der Schätze, die in seinem Grab gefunden wurden, zu sehen sind, Besucher- und Eintrittspreisrekorde. Tutanchamuns Regierungszeit gehört zum sogenannten Neuen Reich, der wohl bekanntesten Epoche in der ägyptischen Geschichte, in der es viele legendäre Herrschergestalten gibt – Amenophis III., Echnaton, Nofretete und Hatschepsut. Dabei kennt zu Beginn des 20. Jahrhunderts kaum jemand überhaupt nur den Namen des Pharao – erst seit der Entdeckung seines Grabs mit den vielen kostbaren Grabbeigaben durch Howard Carter im Jahr 1922 ist auch Tutanchamun eine Legende.

Von der sechsjährigen Suche nach dem Grab bis zur abenteuerlichen Bergung der Schätze – die „Aufzeichnungen Carters ... lesen sich wie ein Detektivroman" (Wagner, 9). Doch auch wenn wir das Innere des Grabs Tutanchamuns mit den buchstäblich tausenden Kunstgegenständen heute sehr genau kennen, wissen wir doch immer noch recht wenig über das Leben Tutanchamuns selbst. Und das wenige, das wir wissen, trägt zum Mythos noch bei, denn sicherlich liegt die Faszination für diesen Pharao zum Teil auch daran, dass er eine ebenso prachtvolle wie tragische Figur der Geschichte ist: Mit nur 19 Jahren stirbt Tutanchamun, nach knapp einem Jahrzehnt Regierungszeit. Er hinterlässt keine Nachkommen, und so endet mit ihm die 18. Dynastie der ägyptischen Pharaonen (vgl. Schlögl, 244). Doch bis heute sind die Umstände seines Todes nicht geklärt. War es ein Unfall – oder war es Mord?

1999 veröffentlicht der angesehene amerikanische Ägyptologe Bob Brier das Buch *Der Mordfall Tutanchamun* (*The Murder of Tutankhamen*). Brier ist von der Mordtheorie überzeugt. Sein Hauptindiz für einen gewaltsamen Tod: Eine alte Röntgenaufnahme der Mumie Tutanchamuns weist eine Absplitterung des Schädelknochens auf – ist der

Pharao erschlagen worden? Falls Tutanchamun ermordet worden ist, so führt die Spur zu mehreren Personen, die für seinen Tod verantwortlich sein könnten. Die Instabilität des Umfelds Tutanchamuns könnte dabei eine wichtige Rolle spielen (vgl. Brier, 16 ff.).

Tutanchamuns Vater, Echnaton, hat das Leben und die Kultur in Ägypten verändert. Er hat anstelle des traditionellen Polytheismus die Verehrung eines einzigen Gottes (Aton) eingeführt – eine geradezu unerhörte Neuerung. Auch wenn er die Existenz der anderen Götter nicht verleugnet, so räumt er Aton doch einen Stellenwert ein, der fast einem Monotheismus gleichkommt. Zwar wird sich diese Neuerung nicht mehr als 50 Jahre halten, aber sie sorgt dafür, dass das durch Priester geprägte Umfeld des Königshauses an Stabilität einbüßt. Als sein Vater stirbt, ist Tutanchamun noch ein Kind; mit etwa neun Jahren muss er den Thron besteigen. Zu diesem Zeitpunkt nennt er sich noch Tutanchaton – sein Geburtsname, in dem sich der Monolatrismus des Vaters wiederspiegelt („lebendes Abbild des Aton", des vom Vater verehrten Sonnengottes).

In seine Regierungszeit fällt der Beginn der Aussöhnung mit dem traditionellen Glauben, von der sein neuer Name Tutanchamun („lebendes Abbild des Amun") zeugt: Amun ist der ägyptische Gott der Fruchtbarkeit. Dennoch ist das Religionssystem, als Tutanchamun Pharao ist, noch stark erschüttert. Es ist eine Inschrift erhalten, die von den Anstrengungen des Pharao zeugt: „Der göttliche Herrscher tat dem Vater aller Götter [Amun] Gutes und baute ihm wieder auf, was an ewigen Monumenten verfallen war. [...] Als seine Majestät gekrönt wurde, waren von Elephantine bis zum Marschland des Deltas die Tempel der Götter und Göttinnen der Vernachlässigung anheimgefallen, und ihre Schreine waren verwaist" (nach Breasted, 344 f.). Und dennoch befindet sich unter den vielen Artefakten, die in Tutanchamuns Grab entdeckt wurden, ein Krummstab, der noch seinen alten Namen, Tutanchaton, trägt. Vielleicht hat er ihn zur Krönungszeremonie verwendet, denn die ist zum Zeitpunkt seines Todes noch nicht allzu lange her: Ganze zehn Jahre nach seinem Amtsantritt (1323 v. Chr. oder, nach anderer Datierung, 1309 v. Chr.) stirbt Tutanchamun, ohne dass eine Todesursache überliefert wird (vgl. Silverman u. a., 165 ff.).

Bericht über den Brief Anchesenamuns an Šuppiluliuma, König der Hethiter

Als mein Vater in Kargamiš war, da schickte er Lupakki und Tarhuntazalma in das Land von Amka. Sie griffen daraufhin Amka an und brachten Kriegsgefangene, Rinder und Schafe von meinem Vater zurück.
Als die Ägypter aber von dem Überfall auf Amka hörten, da packte sie die Furcht, und weil darüber hinaus ihr Anführer, Piphururijas, gestorben war, schickte die Frau des Königs von Ägypten eine Botschaft zu meinem Vater, in der sie Folgendes schrieb:
„Mein Ehemann ist verstorben und ich habe selbst keinen Sohn. Man sagt aber, dass du mehrere Söhne hast. Schicke mir doch einen deiner Söhne, damit er mein Ehemann wird. Niemals werde ich einen meiner Diener heiraten!"
Als mein Vater davon hörte, rief er seine Offiziere zusammen, beriet sich mit ihnen und sagte: „Seit ich denken kann, ist so etwas noch nicht vorgekommen!" Er ließ seinen Kammerdiener Hattuzitiš holen und sagte zu ihm: „Geh dorthin und berichte mir wahrheitsgemäß, was vor sich geht. Vielleicht versucht sie, mich zu hintergehen. Berichte mir, ob sie nicht doch einen Sohn als Königsanwärter hat." [...]
Die ägyptische Königin schickte ihm bald einen Brief, in dem sie schrieb: „Warum sagst du: ‚Vielleicht versucht sie, mich zu hintergehen'? Wenn ich doch einen Sohn hätte, würde ich dann an ein fremdes Land schreiben, in einer für mich erniedrigenden Art und Weise? Du vertraust mir nicht, wenn du so etwas sagst. Mein Mann ist gestorben und ich habe keine männlichen Nachkommen. Ich kann doch nicht einen meiner eigenen Diener heiraten! Ich habe allein dir geschrieben, keinem anderen König oder Land. Man sagt, dass du mehrere Söhne hast. Schicke mir einen deiner Söhne, dann wird er mein Mann und König von Ägypten."

Taten des Šuppiluliuma (CTH 40), Tf. 7 fr. 28
(Übers. nach Assmann, 239 f.)

Einer der Hauptverdächtigen ist der Hofbeamte Eje, der nach Tutanchamun den Thron besteigt. Eines der Beweisstücke, die auf Eje hindeuten, ist ein Ring, der 1931 entdeckt wurde. Er zeigt, dass Eje kurz nach Tutanchamuns Tod Anchesenamun, eine Tochter Echnatons, heiratet. Dies macht ihn zum Pharao. Zusätzlich zu diesem Ring existieren Tafeln, die davon zeugen, dass Anchesenamun die Hethiter – mit denen Ägypten zu dieser Zeit verfeindet ist! – um Hilfe bittet; der hethitische König Šuppiluliuma solle einen Sohn nach Ägypten schicken, um sie zu heiraten – sie wolle auf keinen Fall einen ihrer eigenen Diener heiraten müssen (vgl. Steuer, 256). Ist dies ein verzweifelter letzter Versuch der Königstochter, den Thron vor dem Mörder Eje zu retten?

Ein weiterer Verdächtiger ist Haremhab, der zwar nicht direkt nach Tutanchamun, aber immerhin nach Eje, der nur vier Jahre regiert, Pharao wird. Haremhab ist der Stellvertreter, Vermögensverwalter und Oberbefehlshaber des jungen Königs. Er könne sich, so glaubt man, zum Ziel gesetzt haben, die alte religiöse Ordnung wiederherzustellen und den von Echnaton verfügten Monotheismus wieder abzuschaffen.

Erst 2006 gibt es neue Erkenntnisse, die ein wenig mehr Licht ins Dunkel bringen können. Der ägyptische Radiologe Ashraf Selim untersucht Tutanchamuns Mumie erst einmal mittels Computertomographie, bei der der Körper in 1900 einzelne Bilder „zerschnitten" wird. Er kommt zu erstaunlichen Ergebnissen: Zunächst stellt man fest, dass die Schädelverletzung, die auf den Mord durch Erschlagen hinzuweisen schien, erst nach dem Tod des Pharao eingetreten ist. Vielleicht ist die Mumie beschädigt worden, als Carter und seine Helfer die Totenmaske entfernten. Dabei könnte ein Stück vom Schädelknochen abgeplatzt sein. Und außerdem entdeckt man einen komplizierten Bruch des linken Oberschenkels, eine Fraktur der rechten Kniescheibe und eine des rechten Unterschenkels. An diesen Knochenbrüchen könnte der Pharao, wie Experten meinen, durchaus gestorben sein, wenn es zu inneren Blutungen oder einer Blutvergiftung gekommen ist (vgl. Hawass, 25).

Seither gibt es die Theorie, Tutanchamun sei bei einem Jagd- bzw. Reitunfall verunglückt und an den Folgen gestorben – auch wenn die Forscher einräumen müssen, dass es auch an dieser Hypothese weiterhin Zweifel gibt. Denn es ist natürlich auch denkbar, dass Tutanchamun diese Verletzungen vorsätzlich zugefügt worden sind: Man muss jemanden nicht auf den Kopf schlagen, um ihn zu ermorden, man kann ihm auch die Beine zerschmettern – zumal in einer Zeit, in der es noch keine Antibiotika o. Ä. gibt. So könnte eben auch der Reitunfall inszeniert gewesen sein. Wir müssen wohl einsehen, dass wir heute zwar die Todesursache feststellen können, aber nicht die Hintergründe – diese liegen im Dunkeln der Geschichte verborgen, das auch die Computertomographie nicht zu erhellen vermag.

Mörder im Harem:
Ramses III. (1156 v. Chr.)

Der letzte bedeutende ägyptische Pharao des Neuen Reichs ist Ramses III. Anders als der früh verstorbene Tutanchamun (und die meisten seiner Amtskollegen) übt er sein Amt über dreißig Jahre lang aus. Doch im 32. Jahr seiner Regentschaft fällt er einer Intrige zum Opfer, die als „Haremsverschwörung" in die Geschichte eingeht – und diesmal ist man nicht auf Spekulationen angewiesen, sondern es sind komplette Prozessakten überliefert.

Das 12. Jahrhundert v. Chr. ist keine einfache Zeit für Ägypten. Wirtschaftlicher Niedergang und kriegerische Auseinandersetzungen bestimmen die Politik. Eine besondere Bedrohung kommt von Norden her: Fremde Völker, die sich vielleicht im Zuge der europäischen Völkerwanderung „verirrten", haben bereits die Levante angegriffen und die Hethiter geschlagen. Die Identität dieser Völker ist bis heute nicht klar – Illyrer, Osker, Mykener oder sogar Troer? Klären lässt sich das nicht. Doch klar ist immerhin: Dem ägyptischen Pharao Ramses III. gelingt es, diesen Völkern Einhalt zu gebieten und sie abzuwehren.

Doch die Hoffnung, dass es unter Ramses III. nun in Ägypten nach langer Zeit auch wirtschaftlich wieder bergauf geht, erfüllt sich nicht. Es kommt zu Streiks bei den unerhört großen Bauten, die der Pharao errichten lässt, und auch das Volk wird unruhig. Dennoch ist es niemand aus dem Volk, der dem Pharao schließlich nach dem Leben trachtet – es ist sein eigener Hofstaat. Und das Motiv der Verschwörung ist auch nicht eine Verbesserung der Lebensumstände der ägyptischen Bevölkerung, sondern ganz einfach: Machtgier.

Wie es bei altägyptischen Pharaonen üblich ist, hat Ramses III. mehrere Ehefrauen, darunter einige, die den Status der Königin innehaben, und mehrere weitere sogenannte Nebenfrauen. Alle Frauen des Pharao leben zusammen im *ipet*, dem königlichen Harem. Natürlich ist „Harem" eigentlich nicht die richtige Bezeichnung für diese Einrichtung – sie stammt aus dem 19. Jahrhundert und assoziiert den Hof des Pharao so unzulässigerweise mit Motiven aus *1001 Nacht*. Ein passenderer Name ist vielleicht „Frauenhaus". Es ist auch weniger eine Verwahranstalt für des Königs Geliebte, von denen er sich zum nächtlichen Vergnügen eine oder mehrere auswählt, sondern vielmehr eine Art von Frauen betriebenes Businesscenter. Hier leben nicht nur die Frauen, Nebenfrauen und Geliebte des Pharao, sondern auch deren sämtliche weibliche Verwandte und Kinder, und Beamte und Verwaltungsgehilfen gehen aus und ein.

Was nun die Situation bei Ramses III. so besonders macht, ist, dass er keiner seiner Königinnen den Status der „Großen königlichen Gemahlin" verliehen hat – das bedeutet vor allem, dass im Prinzip unklar ist, wer nach Ramses Pharao werden wird. Wie schwer der alte König sich damit tut, eine Nachfolgeregelung zu treffen, kann man heute noch auf einer Darstellung in seinem Totentempel in Medînet Hâbu sehen – einem Relief, das als „Prinzenprozession" bekannt ist: Eine ganze Reihe Prinzen ist darauf zu sehen, aber die Beischriften, die ihre Namen zeigen, sind erst später, nach Ramses' Tod, hinzugefügt worden.

Natürlich macht man sich am Hofe des Pharao sowie auch und gerade im Frauenhaus Gedanken, wer den alternden König ablösen und sein Erbe antreten wird. Wichtigster Anwärter auf den Thron ist zum Zeitpunkt des nunmehr einsetzenden Geschehens Ramses' ältester Sohn. Manche Forscher meinen, dass Ramses sich schließlich sogar doch dazu durchgerungen hat, ihn öffentlich als seinen Nachfolger auszurufen. Wie dem auch sei: Es gibt verschiedene Personen, denen das überhaupt nicht passt, und eine davon ist Ramses' Nebenfrau Teje. Sie will um jeden Preis erreichen, dass ihr eigener Sohn Ramses als Pharao ablöst. Sogar dann, wenn es den regierenden Pharao das Leben kosten wird.

Der Name des Sohnes ist nicht überliefert – wohl aber viele andere Details der Verschwörung: In Turin wird ein Papyrus aufbewahrt, der in der Regierungszeit von Ramses' Nachfolger, Ramses IV., entstanden ist und der die kompletten Gerichtsakten enthält, die den Prozess beschreiben, bei dem die Verschwörer verurteilt worden sind (vgl. Vernus, 108 ff.). Dieser *Turiner juristische Papyrus* ist in großen hieratischen Buchstaben verfasst, wie es einem wichtigen Staatsdokument angemessen erscheint, und er soll aus der Tempelbibliothek von Medînet Hâbu stammen. Im Jahr 1799 ist er durch Bernardino Drovetti, einen jungen Offizier Napoleons, von Ägypten nach Italien gebracht worden. Bei dem Schriftstück handelt es sich allerdings nicht um tatsächliche, reale Protokolle eines Strafprozesses: Vielmehr ist der Papyrus nachträglich angefertigt worden, um an die darin beschriebenen Geschehnisse zu erinnern – keine ungewöhnliche Praxis damals.

In diesen Akten wird der Name des Sohnes von Teje, um den es nun geht, als „Pentawer" wiedergegeben, das ist jedoch kein Eigenname, sondern bedeutet: „der, der eigentlich einen anderen Namen trägt". Dies ist ein frühes Beispiel für die als *damnatio memoriae* bekannte Praxis, bei der nach dem Tode einer einem Herrscher unliebsamen Person sämtliche Erinnerung an sie getilgt wird, indem ihre Bildnisse zerstört werden, ihr Name aus Schriftstücken entfernt und aus Inschriften herausgemeißelt wird.

Ziel der Verschwörung ist es also, den Pharao zu ermorden und an seiner Stelle Tejes Sohn einzusetzen. Augenscheinlich ist Tejes Einfluss dabei auch außerhalb des Frauenhauses ziemlich groß. In den Prozessakten werden nicht nur Bewohner des Frauenhauses als Verschwörer genannt, sondern auch 28 männliche Personen – von den Kellermeistern über die militärischen Befehlshaber des Pharao (sogar der Oberbefehlshaber ist mit dabei) bis hin zu Priestern und Richtern. Es wird rekonstruiert, dass fast alle Beamten, die im Frauenhaus beschäftigt sind, in irgendeiner Form an der Verschwörung beteiligt sind oder wenigstens von ihr wissen – ein Indiz dafür, wie groß die allgemeine Unzufriedenheit mit dem Pharao ist, aber auch dafür, dass der Plan allenthalben als erfolgversprechend angesehen wird.

Tejes Plan sieht nun aus wie folgt: Der Pharao soll während eines großen Festes in seinem Palast in Medînet Hâbu ermordet werden. Dieses Fest, das sogenannte Schöne Fest vom Wüstental, ist ursprünglich ein Nekropolenfest gewesen, aber seine Rituale haben sich im Laufe der Zeit geändert, und zur Zeit Ramses III. ist es auch als „Fest der Trunkenheit" bekannt. Zugleich ist es ein Opferfest für die Götter Amun-Re und Hapi.

Während des Talfestes in Medînet Hâbu soll der Pharao nun ermordet werden, und gleichzeitig soll eine Abteilung des in Nubien stationierten Heeres, das bereits nilaufwärts marschiert ist, den Umsturz militärisch unterstützen. Von alledem ahnt der Pharao nichts, als er mit seinen Hohepriestern auf dem heiligen Boot über den Nil setzt.

Die religiösen Rituale des Festes werden zelebriert und am Ufer jubeln die Menschenmassen dem König zu. Blumen- und Weihrauchduft liegt in der Luft.

Die Verschwörer sind inzwischen schon eifrig dabei, die letzten Vorbereitungen für ihr blutiges Werk zu treffen. Man hält kleine Wachsfiguren bereit, die den Pharao schwächen sollen wie Voodoo-Puppen. Die Praxis, mittels solcher Magie böse Geister auszutreiben, zum Beispiel bei schweren Erkrankungen, ist weit verbreitet, auch unter den Priestern. Aber solcherlei gegen den Pharao zu verwenden, ist bislang beispiellos (vgl. Shaw, 306).

Leider verrät der Papyrus weder, wie der Plan genau ausgeführt werden soll, noch, wie die Verschwörung schließlich aufgedeckt wird. Will man den König erstechen oder erschlagen? Wer soll es tun? Oder sind es tatsächlich nur die kleinen Zauberfiguren, die ihm den Garaus machen sollen? Sicher ist nur: Der Plan fliegt auf, und die Attentäter sowie alle Hintermänner und -frauen werden vor Gericht gestellt und bestraft.

Quasi sofort nach dem missglückten Putsch bildet Ramses III. einen Sondergerichtshof. Dieser besteht aus mehr als einem Dutzend der Beamten, denen er noch vertrauen konnte – unter anderem sind Schreiber, Kammerdiener, Schatzmeister und ein Herold dabei. Das Sondergericht genießt vollkommene Handlungsfreiheit. Einige der Verurteilten werden hingerichtet, Mitwisser werden lediglich durch das traditionelle Abschneiden von Nasen und Ohren bestraft (vgl. Vernus, 119). Tejes Sohn, dessen Namen wir nicht kennen, wird gezwungen, sich selbst zu richten.

Am Schluss sollte noch angemerkt werden, dass die Theorie, dass der Mordanschlag während des Talfestes verübt wurde, nur eben das ist – eine Theorie. Der Tod und das Schöne Fest vom Wüstental liegen, verlässlichen Rekonstruktionen zufolge, drei Wochen auseinander. Aber denkbar ist es natürlich, denn welche Verletzungen der Pharao genau davongetragen hat, ist nicht überliefert. Die Mumie Ramses' III. ist erhalten und zeugt nicht von sichtbarer äußerer Gewalt. Doch viel heißen muss das nicht: Falls der Pharao vergiftet wurde oder mit einem langen, schmalen Gegenstand erstochen, so würde man dies an der Mumie heute ohnehin nicht mehr feststellen können. Die Beine wurden ihm zumindest, wie eventuell Tutanchamun, nicht gebrochen.

Aus dem *Turiner juristischen Papyrus*

Sie gingen und verhörten sie, und die, die durch eigene Hand sterben wollten, ließen sie sterben, auch wenn ich nicht genau weiß, wen. Doch meine Anweisungen waren klar, denn ich sagte ihnen: „Achtet darauf, dass niemand bestraft wird durch Rechtsbeugung, mittels ihm nicht übergeordneten Beamten." Das sagte ich mehrmals zu den Richtern. […]
Angeklagt wurde Pabekkamen, der große Feind, damals Haushofmeister. Man brachte ihn her, weil er mit Tije und den Bewohnerinnen des Frauenhauses gemeinsame Sache gemacht hatte. Dies hatte er getan, und er hatte ihren Müttern und Geschwistern mitgeteilt, was die Verschwörer vorhatten, und zu diesen gesagt: „Versammelt Leute um euch und lasst Feindschaft wachsen!" Dadurch wollte er einen Aufstand gegen ihren Herren in die Wege leiten. […]
Es wurde angeklagt Irji, der große Verbrecher, damals oberster Priester der Göttin Sechmet. […]
Es wurde angeklagt Inini aus Libyen, der große Verbrecher, damals Kellermeister. Man brachte ihn her als Komplizen des Pabekkamen. Es wurde angeklagt Peluka aus Lykien, der große Verbrecher, damals Kellermeister und Schatzwärter. Man brachte ihn her als Komplizen des Pabekkamen. Es wurde angeklagt Mesedju-Ra, der große Verbrecher, damals Kellermeister. Man brachte ihn her als Komplizen des Pabekkamen, der damals Haushofmeister war, und auch als Komplizen der Frauen, die er dazu aufhetzte, gegen ihren Herren böse zu handeln. […]
Die Frauen der Wächter des Frauenhauses, die bei der Verschwörung mit den Männern gemeinsame Sache machten, brachte man ebenfalls vor den Untersuchungsgerichtshof. Man sprach sie schuldig und ließ sie bestrafen, sechs Frauen waren es. […]
Mehrere Personen wurden bestraft durch das Abschneiden von Nasen und Ohren, denn sie hatten nicht gemäß ihren guten Vorschriften gehandelt. Sie tranken zusammen mit den Angeklagten und wurden zu ihren Komplizen. Deren verbrecherisches Vorhaben infizierte sie.

Jur. P. Turin
(Übers. nach Vernus, 109 f.)

Es gibt mithin auch Forscher, die meinen, der Pharao habe den Anschlag überlebt und sich wieder erholt, manche meinen sogar, dass die Verschwörung mehrere Jahre vor Ramses' Tod stattfand. Immerhin taucht der Pharao im Prozesspapyrus als handelnde Person selbst auf. Das allerdings könnte man von einem Mann, der schon zu Lebzeiten als Gott verehrt worden ist, auch mindestens erwarten: dass er nach dem Tod seiner irdischen Hülle noch den Prozess überwacht, bei dem seine Attentäter zur Rechenschaft gezogen werden. Zumindest in der Kunst lebt Ramses III. weiter, in der Bildenden Kunst in erster Linie durch die wunderbaren Reliefs im Palast in Medînet Hâbu. Doch auch literarisch ist der Pharao verewigt worden: Die Haremsverschwörung wurde zuletzt von Judith Mathes im Roman *Tage des Seth* (2010) verarbeitet. Ihr gelingt, was im Genre des historischen Romans leider nicht allzu oft zu finden ist: eine detaillierte Darstellung der historischen Ereignisse auf der Basis vorhandener archäologischer Zeugnisse – und das Ganze im Medium einer packenden Erzählung.

Ein Becher Schierling:
Sokrates (399 v. Chr.)

Sokrates ist zweifellos der größte Denker der Antike. Seine philosophischen Ansätze sind jedoch so kontrovers, dass ihn die Athener Obrigkeit schließlich anklagt, die Jugend zu verderben – und noch einiges mehr. Im Jahr 399 v. Chr. wird Sokrates zum Tode verurteilt und durch den berühmt gewordenen Schierlingsbecher hingerichtet. Ein Justizirrtum oder die Beseitigung eines unliebsamen Elements durch die Obrigkeit?

Schriften sind von Sokrates nicht überliefert; das meiste, was wir von seinen Lehren und seinem Leben wissen, stammt aus der Feder seiner prominentesten Schüler Platon und Xenophon. Geboren wird Sokrates 439 v. Chr. im attischen Demos Alopeke. Sein Vater ist Bildhauer, und einer (allerdings nicht unbedingt zuverlässigen) Quelle gemäß hat er den gleichen Beruf erlernt. Außerdem verdingt er sich als Soldat und nimmt an mehreren Schlachten des innergriechischen Peloponnesischen Krieges teil, als Hoplit (Schwerbewaffneter) – das wiederum bedeutet, dass er über erhebliche finanzielle Mittel verfügt, denn seine ziemlich teure Ausrüstung muss ein solcher Hoplit selbst stellen.

Freilich wird Sokrates nicht seine Tätigkeit als Soldat zum Verhängnis, sondern diejenige als Philosoph. Er bringt seine Tage damit zu, in Athen herumlaufen und mit den Bürgern philosophische Fragen zu erörtern. Sein Schüler Platon wird später zahlreiche solcher Dialoge aufschreiben und veröffentlichen. Verheiratet ist Sokrates mit der jüngeren Xanthippe, die ihm (der Legende nach) das Leben zur Hölle macht; mit ihr hat er drei Söhne. Womit genau er seinen Lebensunterhalt bestreitet, ist indes nicht ganz klar – einiges deutet darauf hin, dass er sich von seinen Schülern bezahlen lässt, aber beweisen lässt es sich nicht.

Sokrates hat einen ganz eigenen und neuen philosophischen Ansatz. Dieser bedeutet vor allem, dass er als allgemein feststehende Gewissheiten hinterfragt und das, was er als Wahrheit erkannt hat, artikuliert – ohne Rücksicht auf Verluste. Dies kommt im wohl populärsten Sokrates-Zitat zum Ausdruck: „Ich weiß, dass ich nichts weiß." Dies ist nämlich nicht ganz richtig übersetzt: Das griechische Original (*oîda ouk eidōs*) bedeutet wörtlich: „Ich weiß, dass ich *nicht* weiß" (Platon, *apol.* 21d). Sokrates sagt nicht, dass er nichts wisse, sondern er will das infrage stellen, was er (wie auch alle anderen) zu wissen glaubt. Kein Mensch könne etwas sicher wissen, und so könne man dem, was man zu wissen glaube, auch nur temporär anhängen. Sokrates will keine Patentrezepte liefern, sondern lehrt, dass man sich in jeder Situation wieder aufs Neue orientieren muss. Das setzt er aber nicht nur theoretisch, sondern auch praktisch um. Immer wieder stellt er alles Gewohnte infrage, und das beinhaltet natürlich auch den Staat und seine Institutionen. Selbstverständlich lassen sich diese Institutionen das jedoch nicht widerspruchslos gefallen.

Nachdem Athen im Peloponnesischen Krieg (431–404 v. Chr.) Sparta unterlegen ist, sieht man den Philosophen mehr und mehr als jemanden, der das Volk durch seine Lehren verunsichert, und das in einer Zeit, in der der Stadtstaat Stabilität nötiger hat denn je. Während der berüchtigten „Herrschaft der Dreißig" in Athen (404/403 v. Chr.) verweigert Sokrates z. B. den Befehl der Tyrannen, dabei mitzuwirken, den offensichtlich unschuldigen Leon von Salamis zum Tode zu verurteilen. Leon ist ein Systemkritiker und ein politischer Gegner des Regimes; dafür soll er bestraft werden und nicht für das ihm zur Last gelegte Verbrechen. Sokrates weiß genau, dass er mit seiner Weigerung sein eigenes Leben auf Spiel setzt.

Auch als die „Herrschaft der Dreißig" beendet ist, bleibt Sokrates auf Kriegsfuß mit der Regierung. Und so wird er schließlich der Asebie angeklagt: der Gotteslästerung. Er erkenne die Götter des Staates nicht an und schaffe zudem neue (vgl. Gagarin, 112). Was ihm zusätzlich vorgeworfen wird und die Vorwürfe zugleich noch unterstreicht, ist, dass Sokrates mit seinen Lehren die Jugend Athens verderbe (vgl. Figal, 30 f.). Platon berichtet über den Prozess in der *Apologie*, vielleicht seinem berühmtesten Dialog. Er beschreibt detailliert, wie Sokrates allen Beschuldigungen mit der ihm typischen Argumentationsweise begegnet, die das Gegenüber irgendwann selbst erkennen lässt, dass es in allen Punkten Unrecht hat. Zugleich macht er auch klar, dass er es nicht akzeptieren wird, freigesprochen zu werden, wenn es nur unter der Auflage geschieht, dass er mit der Philosophie aufhören muss – oder Athen verlassen, was für ihn quasi gleichbedeutend ist. Er verlangt einen kompletten Freispruch ohne weitere Folgen.

Sokrates wird verurteilt, mit 281 der 501 Stimmen des Schwurgerichtshofs – eine denkbar knappe Mehrheit (vgl. Diog. Laert. 2.41). Nun gibt es aber noch einen zweiten Abstimmungsgang mit den bronzenen Stimmsteinen: Es gilt, über die zu verhängende Strafe abzustimmen. Dabei kann der Staat eine Strafe beantragen, der bereits Verurteilte eine andere – und das Gericht entscheidet nun, welchem der zwei Anträge sie folgt. Sokrates jedoch führt das ganze Prozedere ad absurdum. Der Staat hat die Hinrichtung beantragt, und anstatt nun etwa alternativ dazu eine Geldstrafe oder die Verbannung zu verlangen, sorgt er schon wieder für Aufsehen: Er beantragt, dass man ihn für den Rest seines Lebens im Prytaneion verköstigt (vgl. Plat. *apol.* 34c ff.) – wie einen Sieger bei den Olympischen Spielen –, anstatt ihn zu töten. Nach seinen letzten Worten wird über die Bestrafung abgestimmt, und nun sind es weitaus mehr Stimmen, die für die Hinrichtung plädieren. Eine andere Wahl hat Sokrates dem Gericht mit seinem dreisten Antrag eigentlich nicht gelassen (vgl. Pleger, 76 f.).

Dass ein solches Vergehen wie die Asebie überhaupt mit dem Tode bestraft wird, erscheint heute drastisch. Aber es hat wohl damit zu tun, dass man sich traditionell vor dem Zorn der Götter fürchtet, wenn man einen Gotteslästerer nicht auf die härteste mögliche Art und Weise bestraft (vgl. Parker, 68) – eine nicht ganz von der Hand zu weisende Sichtweise, die auch durch Platon gestützt wird (vgl. Plat. *leg.* 910b1-6).

Die Schüler und Freunde Sokrates' sind dennoch ob des Todesurteils entsetzt. Aber immerhin vergehen vom Zeitpunkt der Verurteilung bis zu seiner Hinrichtung ganze 30 Tage, weil kurz vor der Urteilsverkündung ein großes traditionelles Fest in Athen beginnt, während dessen niemandem das Leben genommen werden darf. So haben also viele der ihm Nahestehenden Zeit, Sokrates im Gefängnis zu besuchen.

Es gibt wilde Pläne, ihm zur Flucht zu verhelfen, aber Sokrates will in seiner Zelle bleiben und dem Ende entgegensehen. Er sagt, es sei ein rechtskräftiges Urteil, und er und alle anderen müssten dies respektieren – sonst stelle man jeglichen Sinn von Gesetzen infrage. Wenn einem ein Gesetz nicht gefalle, so Sokrates, müsse man sich bemühen, dass es geändert wird; aber man dürfe es nicht einfach übertreten, nur weil es einem nicht passe (vgl. Plat. *Krit.* 48c ff.).

Die übliche Art der Hinrichtung im Griechenland zur Zeit des Sokrates ist der sogenannte Schierlingsbecher: Dem Verurteilten wird ein Trinkgefäß gereicht, mit einer Flüssigkeit darin, die aus Geflecktem Schierling, einem hochtoxischen Doldengewächs, gewonnen wird. Der Giftstoff im Schierling, das Coniin, bewirkt eine Blockade bestimmter Rezeptorstellen, was eine langsam fortschreitende Lähmung des Rückenmarks zur Folge hat. Von den Füßen aufwärts stellt sich eine Lähmung des Körpers ein, bis man schließlich erstickt, und das bei vollem Bewusstsein (auch wenn Sokrates' Scharfrichter den Anwesenden gegenüber behauptet, dieser werde sterben, wenn die Lähmung das Herz erreiche). Dass der Delinquent den Becher selbst aktiv trinken muss, erscheint heute genauso grausam wie die Art des Todes, den der Trank verursacht. Doch immerhin behält der Getötete so bis zuletzt die Kontrolle über sein eigenes Leben und muss nicht in der letzten Sekunde seines Daseins passiv sein. Und außerdem ist es eine Frage der Ästhetik: Wenn jemand vergiftet wird, dann bietet sein Leichnam einen schöneren Anblick als beispielsweis der eines Geköpften – und die Ästhetik ist im klassischen Griechenland eines der höchsten Ideale.

Als Sokrates schließlich der Schierlingsbecher gebracht wird, sind wieder mehrere Freunde anwesend. Er leert den Becher ungerührt. Zu einem der Anwesenden spricht er seine letzten Worte: „Oh Kriton, wir schulden dem Asklepios einen Hahn. Opfert ihm den und unterlasst es nicht" (Platon, *Phaid.* 118a). Dann stirbt Sokrates.

Platon über den Tod des Sokrates

Kriton winkte dem Jungen, der neben ihm stand, der ging hinaus und kam nach einer Weile wieder mit dem Mann, der ihm den Trank überreichen sollte, schon fertig zubereitet in einem Becher. Als nun Sokrates den Mann sah, sagte er: „Sprich, mein Bester, da du dich doch auskennst: Wie muss man das jetzt machen?"
„Nichts weiter", sagte dieser, „als trinken und danach umhergehen, bis dir ein Gefühl der Schwere in die Schenkel fährt; danach legst du dich hin. Dann wird es schon wirken."
Und gleichzeitig mit diesen Worten überreichte er Sokrates den Becher. Der nahm ihn mit freundlicher Miene, oh Echekrates. Und ohne zu zittern oder bleich im Gesicht zu werden, sondern so wie sonst auch sah er den Mann geradeheraus an und fragte ihn: „Was

sagst du, ob man von diesem Trank auch ein Trankopfer darbringen kann? Oder lieber nicht?"

„Gerade so viel", sagte der, „bereiten wir zu, Sokrates, wie wir glauben, dass es ausreicht."

„Ich verstehe", sagte dieser. „Aber zu den Göttern beten darf ich doch wohl (und das ist nötig), damit mein Weg von hier nach dort ein glücklicher ist: Also bete ich jetzt, und es möge geschehen."
Zugleich mit diesen Worten hob er den Becher an die Lippen, und er trank ihn mit gelassener Miene und ohne Zögern aus.
Die meisten von uns hatten sich bis dahin zusammenreißen können und nicht geweint. Aber als wir nun sahen, wie er den Becher austrank, konnten wir nicht mehr an uns halten, und auch mir liefen die Tränen mit Gewalt, nicht als einzelne Tropfen, und ich musste mich abwenden und heftig weinen – aber nicht seinetwegen, sondern meinetwegen, da ich einen so guten Freund verlor. Kriton hatte sich sogar noch vor mir abgewandt, weil er seine Tränen nicht zurückhalten konnte. Aber Apollodoros, der schon in der Zeit zuvor ununterbrochen geweint hatte, brüllte nun beim Weinen laut los und erschütterte uns alle mit seiner Wut – außer Sokrates.
Der sagte: „Was tut ihr denn, ihr wundersamen Männer! Aus genau dem Grund habe ich doch die Frauen fortgeschickt, damit sie nicht diesen Fehler machen! Denn ich habe gehört, dass man unter glückverheißenden Worten sterben soll. Also hört auf zu jammern und reißt euch zusammen!"
Und als wir das hörten, da schämten wir uns und hörten auf zu weinen. Er aber ging umher, und als er sagte, ihm würden die Beine schwer, da legte er sich rücklings auf die Liege – dazu hatte der Mann ihn schließlich angewiesen. Dann berührte der Mann, der ihm das Gift verabreicht hatte, hin und wieder die Füße und die Beine. Er drückte seinen Fuß etwas stärker und fragte ihn, ob er das spüre. Er verneinte es. Danach die Knie, und dann immer höher, und er selbst zeigte uns, wie sein Körper nach und nach kalt und hart wurde. Dann berührte er ihn nochmals und sagte uns, er werde uns verlassen, wenn es ihm bis ans Herz ginge.

Plat. *Phaid.* 117a–118a.

Heute sieht man Sokrates' Hinrichtung oft als Musterbeispiel für die Verurteilung eines Unschuldigen an. Gleichwohl können die Herrscher Athens damals natürlich kaum ermessen, welche Bedeutung die Lehren des (angeblich) kleinen, stupsnasigen Mannes mit der Glatze und dem langen Bart einmal haben werden. In ihren Augen hat Sokrates das Gesetz übertreten, und zwar eines der wichtigsten Gesetze überhaupt. Sokrates ist damals nun einmal einfach seiner Zeit voraus.

Der Tod des Sokrates hat mehrfach in der Malerei als Motiv Verwendung gefunden; das wohl eindringlichste Beispiel ist Jacques-Louis Davids Gemälde *La Mort de Socrate* von 1787, das heute im Metropolitan Museum of Art in New York hängt. Seine Darstellung ist von der zentralen Szene aus Raffaels *Schule von Athen* beeinflusst und zeigt Sokrates im Verlies aufrecht auf einer Bettstatt; den Schierlingsbecher ergreift er mit der rechten Hand, die linke zeigt nach oben, in Richtung Himmel (wie Platons bei Raffael, außer, dass es dort die rechte ist). Er ist umringt von seinen wild gestikulierenden Schülern; allein Platon fällt völlig aus dem Rahmen, er ist am linken Ende des Bettes zusammengesunken und sitzt resigniert auf einem Stuhl, dem Geschehen abgewandt. Eine beeindruckende Leistung und ein Bild, das mehr zu sagen vermag als viele Worte.

Hetäre vor Gericht:
Neaira (ca. 340 v. Chr.)

„Unsere Hetären haben wir für das besondere Vergnügen, unsere Geliebten für die tägliche Befriedigung des Körperlichen und unsere Ehefrauen, um Kinder zu zeugen und unsere häuslichen Angelegenheiten zu regeln" (Ps.-Dem. 59.122). Kaum zu glauben: Diese Worte kommen nicht vom Stammtisch in einer Athener Taverne und stehen auch nicht an einer altgriechischen Hauswand. Sie stammen aus der Anklagerede in einer Gerichtsverhandlung. Vor Gericht steht eine alte Dame um die sechzig namens Neaira, und sie ist eine ehemalige Hetäre – eine Frau, die für Geld mit Männern schläft. Angeklagt ist sie jedoch nicht aufgrund ihrer früheren Tätigkeit als Prostituierte, sondern weil sie sich das Athener Bürgerrecht erschlichen haben soll.

Dass wir so viel über den „Fall Neaira" wissen, rührt daher, dass eine Gerichtsrede erhalten ist, ein Plädoyer des Anklägers Apollodoros, in der ihr Leben detailliert beschrieben ist. Lange dachte man, der berühmteste attische Redner, Demosthenes, habe Apollodoros diese Rede geschrieben, und sie ist auch unter seinen Reden überliefert; allerdings wissen wir heute, dass sie nicht von Demosthenes selbst stammt – daher wird ihr Urheber als „Pseudo-Demostehenes" bezeichnet.

Woher Neaira stammt, ist heute nicht mehr festzustellen. Zur Welt kommt sie etwa um das Jahr 400 v. Chr. Vielleicht ist sie eine Waise, vielleicht auch von ihrer Mutter ausgesetzt worden – auf jeden Fall wird sie im Alter von etwa 10 Jahren von einer Frau namens Nikarete gekauft, einer Bordellwirtin aus Korinth, einer Stadt, die als Handelsknotenpunkt berühmt-berüchtigt ist für ihr Rotlichtviertel. Schon bald muss Neaira ebenfalls anschaffen gehen, wohl noch bevor sie in die Pubertät kommt. Das Etablissement von Nikarete ist von der Qualität höherwertig, und Nikarete stellt den Kunden Neaira als ihre eigene Tochter vor – natürlich aus wirtschaftlichen Gründen: der Verkehr mit freigeborenen Frauen erzielt nämlich bei den Freiern höhere Preise als der mit einem Sklavenmädchen.

Der griechische Begriff „Hetäre" (*hetaíra*) schließt streng genommen alle Varianten der käuflichen Liebe ein – von der billigen Straßenhure bis zur Edelprostituierten (vgl. Davidson, 96 f.). Im Falle von Neaira haben wir es wohl mit letzterer Ausprägung zu tun: Mädchen, die wie sie in einem hochwertigen Bordellbetrieb, manchmal auch auf eigene Rechnung, arbeiten, sind nicht besonders zahlreich im klassischen Griechenland, aber dafür wird von ihnen auch einiges erwartet. Sie begleiten oft sehr hochgestellte, zumindest reiche Männer und auch Intellektuelle zu sogenannten Symposien, wo man sich mit mehreren trifft, um zu speisen, zu trinken (bzw. sich zu betrinken), gehaltvolle Gespräche zu führen und anschließend oder währenddessen Sex zu haben. Und auch von der Hetäre kann u. U. erwartet werden, dass sie sich an solchen Gesprächen beteiligt – also muss sie nicht nur körperliche Voraussetzungen erfüllen, sondern auch intellektuelle Fähigkeiten besitzen. Sie soll sich in Literatur, Kunst und Musik auskennen, was man von den gewöhnlichen griechischen Frauen damals im Allgemeinen nicht erwartet (vgl. Ps.-Dem. 59.22).

Wie bereits erwähnt, ist es nicht gerade billig, eine solche Hetäre zu „mieten". Die berühmteste Hetäre der Antike, Rhodopis, von geradezu legendärer Schönheit, ruiniert Herodot zufolge mehrere Männer, die ihr ganzes Vermögen an sie verlieren (vgl. Hdt. 2.134 ff). Dass Neaira ebenfalls einen höheren Status hat, geht daraus hervor, dass nicht nur Neaira, sondern auch andere Mädchen der Nikarete damals weithin namentlich bekannt sind; sie tauchen in verschiedenen literarischen Werken auf – dies ist in der Regel nur bei besonders bekannten und so auch besonders teuren Hetären der Fall. Zu Neairas Kunden zählen bekannte Politiker, Philosophen, Sportler, Dichter und Schauspieler (vgl. Athen. *deipn.* 13.567c, 586e). Allerdings muss man in Betracht ziehen, dass sie trotz allem eine Sklavin ist, einen solch hohen gesellschaftlichen Status wie Rhodopis also nicht erreichen kann.

Mit etwa 16 Jahren besucht Neaira zum ersten Mal Athen, als Begleitung einer Kollegin, deren Stammkunde, der bekannte Redner Lysias, die Reisekosten übernimmt. Ein paar Jahre später, 378 v. Chr., besucht sie die Stadt ein zweites Mal, diesmal in Begleitung eines anderen Kunden, der sie regelmäßig bucht: des Thessaliers Sinos (vgl. Ps.-Dem. 59.24). Es ist kurz nach dieser Reise, dass der Korinther Timanoridas und der Leukadier Eukrates Neaira kaufen. Sie sind ebenfalls Stammkunden bei Neaira und haben sich offenbar ausgerechnet, dass es für sie auf lange Sicht zu teuer ist, Neaira zu besuchen. So beschließen sie, die Sklavin zu kaufen, auch wenn sie dies eine ganze Stange Geld kostet – nämlich 3000 Drachmen (vgl. Reinsberg, 89).

Etwa ein Jahr lang geht dieses Arrangement gut, dann will einer der beiden noch ledigen Männer heiraten; vielleicht sogar beide. Und nun zeigt sich wieder, dass Neaira eine hochklassige Prostituierte ist – allerdings ein wenig zu ihrem eigenen Nachteil: Timanoridas und Eukrates können oder wollen es sich nicht mehr leisten, sie zu unterhalten, und so bieten sie ihr an, sich freizukaufen – für 2000 Drachmen. Danach jedoch, so ihre Bedingung, müsse sie Korinth verlassen und dürfe nie wiederkommen (vielleicht wollen sie sichergehen, dass ihnen das ehemalige Objekt ihrer Begierde später nicht zufällig begegnet).

Aus der Anklage des Apollodoros gegen Neaira

Zeugenaussage: *Philagros von Melite bezeugt, dass er in Korinth anwesend war, als Phrynion, der Bruder des Demochares, zwanzig Minen [= 2000 Drachmen] für Neaira, die hier vor Gericht steht, an den Korinther Timanorides und den Leukadier Eukrates zahlte, und nach der Zahlung brachte er Neaira fort nach Athen.*

Ankläger: Als er mit ihr nun hierherkam, verfuhr er mit ihr unbesonnen und leidenschaftlich, nahm sie überall mit hin zum Abendessen und zum Gelage. Er betrank sich ständig mit ihr zusammen, und sie hatten überall ganz offen Geschlechtsverkehr, stellten es für jedermann zur Schau, dass sie die Freiheit hatten, dies zu tun. Unter den vielen Häusern, wohin er sie mit zum Trinken nahm, war das des Chabrias von Axione. [...] Dort hatten auch viele andere mit ihr Geschlechtsverkehr, als sie betrunken war und Phrynion schlief, darunter sogar die Sklaven, die bei Chabrias das Essen serviert hatten.

Ps.-Dem. 59.33

Nun läuft Neaira Gefahr, in die Fänge eines Zuhälters (*pornobóskos*) zu gelangen, wenn sie das Geld nicht aufbringen kann (vgl. Davidson, 117 f.). Doch das verhindert ein großzügiger ehemaliger Kunde, ein Mann mit Namen Phrynion. Er hat sie früher oft gebucht, und die jetzige missliche Lage Neairas hat sich herumgesprochen bis nach Athen – dorthin nimmt Phrynion sie mit, und sie wohnt bis auf Weiteres bei ihm (vgl. Ps.-Dem. 59.30–32). Klar, dass Phrynion dafür eine Gegenleistung erwartet; und so nimmt er Neaira ganz ungeniert zu ausschweifenden Festen und Symposien mit. Die Anklage im späteren Prozess schildert eine solche Party im Sommer 374 v. Chr. in allen Einzelheiten. Phrynions Glück ist jedoch nicht von Dauer: Nur ein bis zwei Jahre später verlässt sie ihn. Er hat sie des Öfteren geschlagen, und Phrynions Lebensstil ist ihr auf die Dauer wohl auch zu anstrengend. Sie nimmt ihre Besitztümer mit und ihre zwei persönlichen Sklavinnen sowie einige Gegenstände, die zu Phrynions Besitz gehören, und macht sich auf nach Megara. Diese Stadt ist ebenfalls für ihr Nachtleben bekannt: Offenbar will sie wieder als Hetäre ihr Geld verdienen, diesmal aber auf eigene Rechnung. Doch sie hat hier wenig Glück. Aufgrund des zwischen Theben und Sparta tobenden Krieges ist das Geschäft schlecht. Dennoch bleibt sie zwei Jahre in Megara, bis sie 371 v. Chr. Stephanos kennenlernt, einen reichen Mann aus Athen. Zunächst wohnt dieser eine Zeitlang bei ihr, dann nimmt er sie und ihre Kinder – sie hat mittlerweile zwei Söhne und eine Tochter zur Welt gebracht – mit nach Athen (vgl. Ps.-Dem. 59.35 ff.). Stephanos bietet ihr finanzielle Sicherheit, aber auch persönliche – wahrscheinlich fürchtet sie sich immer noch davor, dass eines Tages der rachsüchtige Phrynion vor ihrer Haustür steht.

Und genau dies geschieht. Allerdings kommt es erst dazu, als sie mit Stephanos in Athen ist: Phrynion lässt sie entführen. Er sieht sie als seine Sklavin an und klagt Stephanos an, ihm sein Eigentum genommen zu haben. Stephanos sieht sich im Recht und reicht eine Gegenklage ein, und der Fall wandert vor Gericht (vgl. Ps.-Dem. 59.40). Entschieden wird der Fall jedoch nicht durch Richterspruch, sondern in einem außergerichtlichen Vergleich: Dabei wird bestätigt, dass Neaira keine Sklavin ist, sondern den Status einer Freigelassenen hat. Außerdem muss sie natürlich die Gegenstände zurückgeben, die sie von Phrynion mitgenommen hat und die diesem gehören. Zudem wird vom beauftragten Schlichter festgelegt, dass die abwechselnd bei Phrynion und bei Stephanos wohnen und ihnen sexuell zu Diensten sein soll (vgl. Ps.-Dem. 59.46–48).

Eine Zeitlang hat dieses Arrangement Bestand – wie lange genau, darüber lässt sich in der Quelle nichts finden. Irgendwann in den folgenden Jahren zieht Neaira offenbar wieder ganz zu Stephanos und lebt fortan mit ihm in einem eheähnlichen Verhältnis. Heiraten dürfen die beiden nicht, denn Ehen zwischen Athenern und Nicht-Athenern sind gesetzlich verboten.

Nun gibt es in der Anklageschrift einen Zeitsprung von zehn Jahren – und hier beginnt die Geschichte, kompliziert zu werden. Ein Mädchen mit Namen Phano, laut Anklage die Tochter der Neaira, wird von Stephanos einem Athener mit Namen Phrastor zur Frau gegeben. Mit Mitgift und allem, was dazugehört. Diese Ehe wird ein Jahr später wieder geschieden. Da ist Phano gerade schwanger. Zu seinen Gründen befragt, sagt Phrastor aus, Stephanos habe so getan, als sei Phano Stephanos' eigene Tochter mit seiner ersten Ehefrau (vgl. Ps.-Dem. 59.50). Da er sich hintergangen fühlt, weigert sich Phrastor, die nicht unerhebliche Mitgift (3000 Drachmen) zurückzugeben. Was nun folgt, wirkt bekannt: Stephanos klagt Phrastor an, und dieser reicht eine Gegenklage ein. Ganz siegessicher scheinen sich aber beide nicht zu sein, denn sie Klagen werden zurückgezogen. Kurze Zeit später erkrankt Phrastor – obwohl er sich von ihr hat scheiden lassen, kümmert sich Phano aufopfernd um den Kranken, zusammen mit ihrer Mutter Neaira. Ob dies aus reiner Berechnung geschieht, wie die spätere Anklage es interpretiert, oder aus Menschenfreundlichkeit – Phrastor setzt ein Testament auf, in dem er seinen und Phanos Sohn als legitimen Nachkommen und Erben anerkennt (vgl. Ps.-Dem. 59.50–59).

Wiederum einige Zeit später, um 356 v. Chr. herum, erwischt Stephanos einen Mann namens Epainetos, der in seinem Haus zu Gast ist, beim Sex mit Phano. Der Hausherr macht sein Hausrecht geltend und hält Epainetos in seinem Haus fest, bis dieser ihm Schadenersatz in Höhe von (wiederum) 3000 Drachmen auszahlen lässt – wahrlich ein teures Vergnügen. Doch Epainetos lässt es damit nicht auf sich beruhen: Schon wieder muss Stephanos vor Gericht. Epainetos will seine 3000 Drachmen zurück; als Begründung gibt er an, Phano sei eine Prostituierte, weshalb das Hausrecht nicht gegolten habe. Er sei betrogen worden, und auch Neaira sei Mitwisserin des Betrugs gewesen. Mag sein, dass Stephanos Angst hat, die Vergangenheit Neairas könnte sich gegen ihn wenden und die Richter davon überzeugen, Phano sei tatsächlich eine Hetäre wie die Mutter – sicher ist, dass es wieder zu einem Schlichtungsverfahren kommt, nach dem er Epainetos immerhin 2000 Drachmen zurückgeben muss (vgl. Ps.-Dem. 59.64–70).

Den Höhepunkt der vielen Prozesse, die im „Fall Neaira" eine Rolle spielen, bildet aber ein paar Jahre später derjenige, aus dessen Anklage wir so viel über Neairas Leben wissen. Ende der 340er Jahre v. Chr. reicht Apollodoros, ein politischer Erzfeind des Stephanos, über einen Mittelsmann mit Namen Theomnestos eine Klage wegen Anmaßung des Athener Bürgerrechts gegen Neaira ein. Neaira, so Apollodoros, sei mit Stephanos unrechtmäßig verheiratet, da sie eine Fremde sei, und sie habe ihre Kinder in betrügerischer Absicht als Athener Bürger ausgegeben (vgl. Ps.-Dem. 59.2).

Dabei hat der Prozess durchaus einen ganz persönlichen Hintergrund: Apollodoros ist schon lange mit Stephanos verfeindet, und beide sind politische Gegner – seit 348 v. Chr., als Apollodoros einen Antrag in der Ratsversammlung einbringt, einen Feldzug gegen Philipp von Makedonien zu finanzieren. Stephanos, der nicht zu den Makedonier-Feinden gehört, gelingt es damals, den bereits gebilligten Antrag gerichtlich stoppen zu lassen. Die Geldstrafe, die er in diesem Zusammenhang für Apollodoros fordert, ist so hoch, dass dieser, wenn er sie zahlen müsste, zum Schuldner des Staates würde und so seine Bürgerrechte verlöre. Zum Glück für Apollodoros bestimmt das Gericht eine wesentlich geringere Geldstrafe. Etwa zwei Jahre später versucht Stephanos erneut, Apollodoros aus dem Weg zu räumen: Er fingiert Beweise und Zeugenaussagen und lässt seinen Kontrahenten wegen Todschlags anklagen. Doch während des Prozesses wird aufgedeckt, dass die Anschuldigungen nicht haltbar sind (vgl. Kapparis, 29).

Nun ist endlich die Stunde gekommen, in der Apollodoros zurückschlagen kann. Und der Ankläger macht sich nicht einmal Mühe, diesen Umstand zu verbergen. Ganz offen wird Stephanos angegriffen, Neaira ist nur ein Mittel zum Zweck, der wunde Punkt, an dem er ihn treffen kann (vgl. ebd., 30). Denn Apollodoros weiß: Wenn die Klage Erfolg hat, kann er damit seinen Kontrahenten ein für allemal ausschalten. Denn wenn Neaira bzw. Stephanos den Prozess verlieren, dann wird sie nicht nur wieder als Sklavin verkauft und er muss eine Geldstrafe von 1000 Drachmen zahlen, sondern er verliert obendrein das attische Bürgerrecht (vgl. Hamel, 179).

Da nur die Anklage überliefert ist und nicht die Verteidigung, können wir letztlich wenig über die Stichhaltigkeit der Vorwürfe aussagen. Ist Stephanos tatsächlich mit Neaira verheiratet, oder leben sie einfach nur zusammen? Wenn ja, dann hat er ganz klar gegen das Gesetz verstoßen, aber bedenkt man die Umstände des Prozesses und die Beziehung zwischen Ankläger und Angeklagtem, muss man berechtigte Zweifel hegen.

Es ist wirklich schade, dass wir nichts über den Ausgang des Verfahrens wissen. Es gibt keine Quelle, die hierüber Auskunft gibt. Wir können uns nur den Worten des berühmten Philologen Friedrich Blass anschließen, der 1887 schreibt: „Daß der Racheakt der beiden gelang, und Neaira verkauft wurde, möchte ich nicht glauben" (Blass, 539).

Darstellungen Neairas in der Bildenden Kunst gibt es wenige. Das berühmte Gemälde *Phryné devant l'aréopage* von Jean-Léon Gérôme (1861, heute in der Hamburger Kunsthalle), das eine junge, schöne und nackte Hetäre vor Gericht zeigt und immer wieder gerne in diesem Zusammenhang abgebildet wird (zum Beispiel als Coverillustration von Debra Hamels ausführlicher Neaira-Monographie), hat nichts mit den realen Verhältnissen dieses Hetärenprozesses zu tun. Phryne, die hier dargestellt wird, wird ebenfalls im 4. Jahrhundert v. Chr. in Athen vor Gericht gezerrt – der Vorwurf lautet Asebie, also Gottlosigkeit. Sie soll gesagt haben, sie sei ebenso schön wie Aphrodite, die Göttin der Schönheit. Vor Gericht entkleidet sie sich und wird daraufhin freigesprochen, da die Richter einsehen, dass sie Recht hat. Dies ist natürlich nur eine Legende, denn einer Frau gewährt man im alten Griechenland keinen Zutritt zum Gericht – selbst wenn sie die Angeklagte ist.

Das gewaltsame Ende einer Intrigantin: Olympias (316 v. Chr.)

In ihrem *A to Z of ancient Greek and Roman women* beschreiben Marjorie und Benjamin Lightman Olympias von Epirus als „wahrscheinlich die bemerkenswerteste Frau ihrer Zeit – zugleich verehrt und gefürchtet, stolz, gebieterisch und leidenschaftlich, schön, aufbrausend und rücksichtslos" (Lightman, 239). Kein Wunder, möchte man fast sagen, dass es mit so einer starken weiblichen Persönlichkeit kein gutes Ende nimmt – zumal im alten Griechenland, wo Frauen im öffentlichen Leben in der Regel keine Rolle spielen. Olympias jedoch ist die Ausnahme zu dieser Regel.

Ihren Geburtsnamen wissen wir nicht; vielleicht heißt sie ursprünglich Polyxene, nach der gleichnamigen trojanischen Prinzessin, oder Stratonike („die im Kampf siegt") – was bis zu einem gewissen Punkt geradezu prophetisch wäre. Was wir wissen, ist, dass das Mädchen, das später Olympias heißen soll, etwa 375 v. Chr. zur Welt kommt und die Tochter von Neoptolemos ist, dem König der Molosser, die in der Landschaft Epirus auf dem südwestlichen Balkan leben (vgl. Schmid, 5). Anfang der 350er Jahre v. Chr. gehen die Molosser eine strategische Allianz mit dem makedonischen König Philipp II. ein, und diese Allianz soll durch eine diplomatische Ehe gestärkt werden. Zu diesem Zweck vermählt Neoptolemos seine Tochter mit König Philipp. Den Namen Olympias gibt Philipp seiner Frau ein Jahr später, um zu feiern, dass ein makedonischer Wagen bei den Olympischen Spielen siegreich ist. Und im selben Sommer gebiert Olympias Philipp ihr erstes gemeinsames Kind: Alexander, der als Alexander der Große in die Geschichte eingehen soll. Eine Tochter, Kleopatra genannt, folgt schon bald.

Da Philipp ständig unterwegs ist, gelingt es ihr, sich eine äußerst einflussreiche Position am makedonischen Hof aufzubauen – dazu gehört auch eine enge Bindung der Kinder an die Mutter, die sich schon bald als entscheidend für ihre weitere Karriere erweisen soll. Zudem achtet sie darauf, dass die Tochter wie der Sohn erzogen wird und Jagen,

Reiten und den Kampf mit der Waffe lernt (vgl. Lightman, ebd.). Dass Philipp so selten zu Hause ist, liegt nicht zuletzt an der makedonischen Expansion: Im Jahr 338 gelingt es ihm, die wichtigen griechischen Stadtstaaten Athen und Theben (und noch einige andere) zu besiegen. Im Jahr darauf lässt er sich zum Anführer des neugegründeten Korinthischen Bundes wählen und ist so de facto Herrscher über (fast) ganz Griechenland. Der wichtigste Punkt auf der Agenda des Bundes, der seit langer Zeit zum ersten Mal ganz Griechenland unter einer Führung eint: ein Feldzug gegen den Erzfeind der Griechen, das Persische Reich. Offiziell ist es ein Racheakt für die Invasion des Xerxes, doch die ist zu diesem Zeitpunkt immerhin schon fast eineinhalb Jahrhunderte her – inzwischen ist der Feldzug mehr oder weniger zum Selbstzweck geworden bzw. er soll eigentlich der weiteren Expansion Makedoniens dienen und der Stabilisierung des neu geschaffenen riesigen Reiches.

Aber bevor er nach Persien aufbrechen kann, wird Philipp im Sommer oder Herbst 336 v. Chr. ermordet, auf der Hochzeit seiner Tochter Kleopatra mit dem Bruder von Olympias (also Kleopatras eigenem Onkel), den Philipp zuvor zum König von ganz Epirus gemacht hat. Der Attentäter ist Philipps eigener Leibwächter Pausanias – laut Aristoteles ist der Grund Rache für ein Unrecht, das der einflussreiche Makedone Attalos dem Pausanias zugefügt hat und das Philipp nicht sühnen will (vgl. Aristot. *pol.* 5.10.1311b); angeblich hat Attalos Pausanias durch seine Stallknechte vergewaltigen lassen (vgl. Diod. 16.93–94). Doch es gibt auch eine andere Theorie: Dem Mord geht angeblich eine heftige Auseinandersetzung voraus, zwischen Philipp auf der einen Seite und Olympias und dem inzwischen 20-jährigen Alexander auf der anderen Seite, der wie selbstverständlich zur Mutter hält. Olympias ist schon länger unzufrieden, zumal Philipp kurz zuvor eine weitere Ehe eingegangen ist, mit der Tochter eines makedonischen Generals. Auch wenn diese Heirat wohl vor allem wieder strategische Gründe hat, so will Olympias dies doch nicht einfach hinnehmen – das ist nicht ihre Art. Zumal die neue Frau ihres Mannes um einiges jünger ist als sie und noch dazu den gleichen Namen trägt wie ihre gemeinsame Tochter – Kleopatra. Heute streitet sich die Forschung, inwieweit Ehefrau und Tochter an der Ermordung des Königs beteiligt sind. Aber dass zumindest Olympias die Finger im Spiel hat, scheint angesichts der verfügbaren Quellen ziemlich wahrscheinlich (vgl. Schmid, 6 f.).

Die Ermordung Philipps II. von Makedonien gemäß Diodor

Eine große Zahl Menschen strömte zusammen, aus allen Richtungen, zum Fest und den Spielen und der Hochzeit, die in Aigai in Mazedonien gefeiert wurden. Es waren nicht irgendwelche einzelnen Honoratioren, die [Philipps Haupt] mit goldenen Kronen krönten, sondern die der wichtigsten Städte, darunter Athen. Und von einem Herold der Athener wurde schließlich verkündet, wer sich gegen König Philipp verschwöre und nach Athen fliehe, der werde ausgeliefert. Dies war wie ein von der Vorsehung gesandtes Omen, das Philipp erkennen lassen sollte, dass eine Verschwörung angezettelt würde. Es gab noch andere solche Worte, die, anscheinend von den Göttern inspiriert, den Tod des Königs weissagten. [...] Schließlich war das Gelage vorbei und die Spiele auf den folgenden Tag vertagt.

Noch im Dunkeln liefen viele Zuschauer ins Theater, und bei Sonnenaufgang hatte sich schon die Parade formiert. Neben vielem anderem Prunk steuerte Philipp zur Prozession Statuen der zwölf Götter bei, die mit großer Kunstfertigkeit gearbeitet waren und mit erstaunlichen Beweisen des Reichtums verziert, die die Ehrfurcht der Betrachter weckten, und zusammen mit diesen kam eine dreizehnte Statue, passend für einen Gott, die Philipp selbst darstellte, so dass der König sich als zu den zwölf Göttern gehörend präsentierte.

Alle Plätze im Theater waren belegt, als Philipp erschien, in einen weißen Mantel gehüllt, und auf seinen ausdrücklichen Befehl hin standen seine Leibwächter nicht an seiner Seite, sondern folgten ihm in einigem Abstand – denn er wollte zeigen, dass er durch den guten Willen aller Griechen geschützt war und keiner Bewachung und keines Speerwerfers bedurfte. Er war auf dem Höhepunkt seines Ruhms, aber während noch Lob und Jubelrufe in seinen Ohren klangen, trat plötzlich und ohne Vorwarnung die Verschwörung gegen den König zutage – und mit ihr der Tod.

Diod. 16.92.1–93.2

Was auch dafür spricht, dass Olympias eine Mitschuld am Tod ihres Gatten trägt, ist, dass sie bald darauf auch seine neue Frau Kleopatra und deren gemeinsamen kleinen Sohn ermorden lässt. Sie will ihrem eigenen Sohn, Alexander, die Thronfolge sichern. Gesagt, getan: Alexander wird zum neuen König ernannt, und Olympias sorgt durch ihren Einfluss dafür, dass das große makedonische Heer den neuen König umgehend anerkennt; eine unumgängliche Voraussetzung für eine sichere Herrschaft – und für den nun trotz allem anstehenden Feldzug gegen die Perser. Bevor er nach Osten aufbricht, lässt Alexander jedoch noch mehrere Höflinge hinrichten, die es gewagt haben, zu behaupten, er und seine Mutter hätten etwas mit dem Tod des Vaters zu tun. Außerdem lässt er einen Cousin und zwei weitere makedonische Prinzen umbringen, die letzten, die ihm seinen Königstitel streitig machen können (vgl. Roisman/Worthington, 190). Der Apfel fällt nicht weit vom Stamm.

334 v. Chr. zieht Alexander, gerade einmal 22 Jahre alt, mit einem riesigen Heer in Richtung Persien. Als sich Olympias von ihrem Sohn verabschiedet, kann sie weder ahnen, dass dieser ein wahres Weltreich erobern wird, das von Ägypten bis Indien reicht, noch, dass sie ihn niemals wiedersehen wird. Zu Hause konkurriert sie nun mit Antipater, einem der zuverlässigsten Kommandeure und Diplomaten ihres verstorbenen Mannes, um die Macht. Alexander hat Antipater zurückgelassen, um kommissarisch die Staatsgeschäfte zu lenken – vielleicht traut er seiner Mutter dies nicht zu, oder er will eventuell noch bestehende Zweifel an den Umständen von Philipps Tod zerstreuen oder auch einfach den Anschein der Vetternwirtschaft vermeiden. Am wahrscheinlichsten ist aber, dass er meint, die Makedonen würden es sich nicht gefallen lassen, von einer Frau regiert zu werden. Beide, Olympias und Antipater, stehen in den folgenden Jahren, während der Perser-Feldzug andauert, brieflich mit Alexander in Verbindung und beschweren sich jeweils darüber, wie der andere sich daheim aufführt (vgl. Lightman, ebd.).

Olympias geht ein paar Jahre später nach Epirus zurück und regiert das Land zusammen mit ihrer Tochter Kleopatra, nachdem deren Ehemann 330 v. Chr. in Süditalien stirbt. Sie regiert mit harter Hand und ist alles andere als populär beim Volk. Doch sie hat vor allem immer noch die Macht in Makedonien im Auge, die ihr, da ist sie überzeugt, zusteht. Fünf Jahre später schickt sie ihre Tochter zurück nach Makedonien, um gegen Antipater zu intrigieren; offenbar schwindet Antipaters Macht, und Olympias will sofort zuschlagen, wenn sich eine Möglichkeit ergibt, seinen Platz einzunehmen (vgl. Donnelly Carney, 53). Doch erst, als Alexander am 11. Juni 323 v. Chr. in Babylon stirbt, werden die politischen Karten neu gemischt.

Das sogenannte Zeitalter der Diadochen beginnt, der Nachfolger Alexanders, die bald das Weltreich, das er hinterlassen hat, unter sich aufteilen werden. Sein einziger Sohn, der erst nach dem Tod des jungen Feldherrn zur Welt kommt und ebenfalls Alexander heißt, und Alexanders angeblich geistig zurückgebliebener Bruder werden unter die Vormundschaft seines Generals Perdikkas gestellt. Dieser wiederum versucht seinen politischen Einfluss durch eine diplomatische Ehe auszubauen, und er macht Avancen, die Tochter des Antipater zu heiraten. Dies kann Olympias nicht zulassen; sie intrigiert einmal mehr und will erreichen, dass Perdikkas stattdessen ihre verwitwete Tochter Kleopatra heiratet. Perdikkas sitzt zwischen allen Stühlen; er kann es sich kaum erlauben, die mit Antipater bereits vereinbarte Ehe wieder abzusagen. So heiratet er dessen Tochter, aber er verhandelt dennoch weiter mit Olympias – schließlich ist Kleopatra Alexanders leibliche Schwester, was eine deutlich bessere Position bei den sich bereits abzeichnenden Machtkämpfen verspricht (vgl. ebd., 66).

Als Antipater von diesen geheimen Verhandlungen erfährt, ist das natürlich ein Affront gegen ihn, und es kommt zur ersten von zahlreichen bürgerkriegsähnlichen Auseinandersetzungen (den Diadochenkriegen), zunächst zwischen Antipater, der von anderen Generälen Alexanders wie Ptolemaios unterstützt wird, und Perdikkas – und somit letztlich auch Olympias. Bevor Perdikkas gegen seine Widersacher in die Schlacht zieht, trennt er sich natürlich von Antipaters Tochter und heiratet Kleopatra. Er setzt einige enge Verbündete als Befehlshaber diverser Teile des Reiches ein und verspricht mehreren griechischen Stadtstaaten die Freiheit, wenn sie ihn im Kampf gegen Antipater unterstützen. Einer der Alliierten von Perdikkas, Eumenes, kämpft nun in Kleinasien gegen Antipater, während er selbst gegen Ptolemaios antritt. Doch für diese Schlacht wählt er als Austragungsort nicht Makedonien, wo Olympias ihn mit einem weiteren Heer hätte unterstützen können, sondern Ägypten. Er unterliegt, und schließlich ermorden ihn seine eigenen Offiziere. Antipater gewinnt langsam Oberwasser, und schließlich marschiert er in Makedonien ein. Im Zuge dieser Eroberung kommen 319 v. Chr. das erste Mal überhaupt Elefanten nach Europa: Kriegselefanten. Noch im selben Jahr stirbt Antipater und setzt seinen alten Freund Polyperchon als Nachfolger ein. Sein Sohn jedoch, der nur eine untergeordnete Führungsposition erhalten soll, sieht sich als eigentlichen Nachfolger und bricht den nächsten Krieg innerhalb der Diadochen vom Zaun.

Olympias geht zurück nach Epirus und wartet zunächst ab, ob diese neuen Streitigkeiten einen klaren Sieger ergeben (vgl. Lightman, 240). Inzwischen tritt Olympias' Stiefsohn Philipp III. auf den Plan (ein Sohn Philipps aus erster Ehe oder mit einer Nebenfrau; vgl. Plut. *Eum.* 12.3). Es ist wohl vor allem die ehrgeizige Frau Philipps III., die ihn dazu bringt, Polyperchon seines Amtes zu entheben und stattdessen Kassander nach Makedonien zu holen. Polyperchon geht nun zu Olympias nach Epirus. Jetzt ist die Zeit gekommen, zu handeln: Sie wollen Makedonien zurückerobern; im Gegenzug für ihre Hilfe verspricht Polyperchon öffentlich, Olympias im Falle eines Sieges gegen Kassander als Königin von Makedonien einzusetzen. Außerdem soll sie die Erziehung ihres Enkels übernehmen, des gerade vierjährigen Sohnes von Alexander, der ja immer noch Anwärter auf den Thron des gesamten Reiches ist.

Der Plan geht auf: 317 v. Chr., während Kassander in Griechenland ist, marschiert Olympias selbst mit einer Armee nach Makedonien; wie es heißt, sind die dortigen Soldaten nicht bereit, gegen sie zu kämpfen – entweder weil sie als Mutter des vergöttlichten Alexander selbst als heilig gilt oder weil sie den kleinen Sohn Alexanders bei sich hat. Sie nimmt das Land ein, ganz ohne Blutvergießen. Das spart sie sich für später auf: Philipp III. lässt sie hinrichten, seine Frau zwingt sie zum Selbstmord durch Erhängen (vgl. Donnelly Carney, 46). Außerdem werden 100 der wichtigsten makedonischen Unterstützer Philipps III. auf Olympias' Befehl exekutiert, darunter dessen Bruder. Endlich wähnt sie sich am Ziel: Sie ist Herrscherin über Makedonien. Unter den Makedonen macht sie diese Maßnahme allerdings nicht gerade populärer, und so währt ihr Triumph nicht lange. Kassander kehrt aus Griechenland zurück und führt einen überraschenden Vergeltungsschlag aus. Da Olympias kaum Rückhalt in der Bevölkerung hat,

hat Kassander leichtes Spiel. Sie flieht in die Hauptstadt Pydna und wird eingekesselt – ihren Enkel hat sie bei sich. Polyperchon versucht, sie zu befreien, aber es gelingt ihm nicht. Die Stadt ist von der Versorgung abgeschnitten, viele Menschen verhungern, und es bleibt ihr schließlich nichts anderes übrig, als sich Kassander auszuliefern, dem sie allerdings zuvor den Schwur abnimmt, sie am Leben zu lassen. Kassander bricht seinen Schwur nicht – jedenfalls nicht direkt. Statt sie persönlich zu töten, wie es wohl standesgemäß wäre, ist er so schlau, sie vor die Heeresversammlung zu bringen und für die Tötung der 100 Makedonen anzuklagen, die sie hat abschlachten lassen. Gleichzeitig schickt er ihr die Nachricht, sie dürfe mit einem Schiff nach Athen ausreisen, wenn sie wolle – aber sie durchschaut den Trick und lehnt ab. Sie ahnt, dass ihr auf der Schiffsreise ein „Unglück" zustoßen soll; immerhin würde Kassander so seinen ihr gegenüber abgelegten Schwur nicht brechen. Stattdessen fordert Olympias ihr Recht ein, sich vor der Versammlung verteidigen zu dürfen. Kassander verwehrt es ihr; zu groß ist seine Angst, ihr Auftritt könnte das Volk doch noch umstimmen. Stattdessen lässt er die Verwandten der 100 Getöteten als Kläger auftreten. Selbstverständlich verurteilt man Olympias daraufhin zum Tode (vgl. Lightman, ebd.).

Kassander will sichergehen, dass sie wirklich stirbt, und entsendet 200 (!) Soldaten, um Olympias zu töten. Doch keiner der Männer bringt es über sich, die Mutter Alexanders des Großen und langjährige Königin des eigenen Landes umzubringen. Sie ziehen alle unverrichteter Dinge wieder ab. Als Kassander dies hört, kommt ihm eine neue Idee: Er lässt einen Trupp aus Angehörigen der von Olympias Hingerichteten zur königlichen Residenz ziehen, in der diese immer noch wohnt. Sie lassen sich weniger vom Ruf und der Ausstrahlung der Frau beeindrucken als zuvor die Soldaten und erschlagen sie. Ein rituelles Begräbnis verweigert Kassander ihr (vgl. Donnelly Carney, 83 f.).

Ist das Ganze nun eine Art Tyrannenmord? Immerhin hat Olympias eine ganze Reihe Menschenleben auf dem Gewissen, nur um ihre politischen Ziele durchzusetzen. Aber am Ende ist sie doch nur ein Opfer von vielen auf dem Weg zu einer Neuordnung der griechisch-makedonischen Welt. Ein weiteres ist Alexander IV., ihr Enkel und der einzige Sohn Alexanders des Großen; er wird 310 v. Chr. von Kassander vergiftet.

In der Bildenden Kunst findet man wenige Darstellungen Olympias, und auch in der Literatur macht sie sich rar. Im deutschen Sprachraum ist einzig der Schriftstellers Heinrich Lilienfein mit seinem Drama *Olympias. Ein griechisches Spiel in drei Akten* (1908) in Erscheinung getreten. Es spielt im Zeitraum 320–316 v. Chr. und gibt sich als Mittelding zwischen historischem Schauspiel und griechischer Tragödie, komplett mit einem Chor aus Bakchen, die das Geschehen kommentieren und als zwei Halbchore einander antworten. In der letzten pathetischen Szene sieht die sterbende Olympias tatsächlich noch ihren toten Sohn Alexander auf sich zureiten: „Weiß ist sein Roß – und golden die Rüstung / Blitzumfunkelt – gekränzt mit purpurnen Rosen / Kommt er geritten, von Ähren umwogenden Hängen / Alexander – mein Sohn – der Gott – der lachende – selber!" (3. Akt, 6. Auftritt). Später war der heute weitgehend unbekannte Lilienfein einer der führenden Schriftsteller des Nationalsozialismus. Er war Kuratoriumsmitglied von Goebbels Kulturstiftung und schaffte es 1944 auf Hitlers „Gottbegnadeten-Liste". Die offenkundige Sympathie, die er in seinem Stück der historisch doch eher (vorsichtig gesagt) problematisch zu wertenden Figur Olympias zuteilwerden lässt, mag ein früher Hinweis auf die spätere politische Einstellung Lilienfeins (*Das Deutsche versteht sich von selbst*, 1940) sein. Erstaunlich genug, dass er noch bis 1952 Generalsekretär der Deutschen Schillerstiftung ist – ein zweiter Schiller ist er wahrlich nicht.

Verhexter Acker:
Furius Cresimus (ca. 191 v. Chr.)

Ein Freigelassener, der es zu bescheidenem Wohlstand gebracht hat, wird beschuldigt, Magie und Zauberei angewendet zu haben, um sich auf Kosten seiner Nachbarn zu bereichern: So etwas ist zu Beginn des 2. Jahrhunderts v. Chr. im Römischen Reich noch möglich – auch wenn die Gesellschaft eigentlich bereits aufgeklärter ist. Man kann sich schon denken, dass hinter der Anklage ganz andere Begehrlichkeiten stecken.

Gaius Furius Cresimus ist ein freigelassener griechischstämmiger Sklave des Gaius Furius. Nach geltendem Brauch ist er durch seine ordnungsgemäße Freilassung römischer Bürger geworden und hat den Namen seines Herren angenommen, seinen alten Sklavennamen Cresimus trägt er als Beinamen. Und wie es ebenfalls nicht unüblich ist, ist es Furius Cresimus nach seiner Freilassung gelungen, ein Stück Land zu erwerben. Es ist ein bescheidenes kleines Landgut in der Nähe von Rom, und er bewirtschaftet es natürlich selbst (vgl. Liebs, 22 f.).

Wieso Furius Cresimus bald so erfolgreich ist, darüber muss man spekulieren. Aber es liegt nahe, anzunehmen, dass es eine Frage der Motivation ist: Der frischgebackene Landwirt tut, was er kann, und arbeitet hart, um es endlich zu etwas zu bringen – lange genug hat er auf der anderen Seite gestanden. Und als ehemaliger Sklave ist er nicht nur harte Arbeit gewohnt, er kennt sich auch mit der Technik aus, führt Neuerungen ein und achtet (im Rahmen seiner Möglichkeiten) darauf, dass die Ausstattung seines kleinen Gutes von hoher Qualität ist. Plinius d. Ä., der in seiner *Naturgeschichte* (*naturalis historia*) über den Fall Furius Cresimus berichtet, schreibt: „Die eisernen Werkzeuge waren von hoher Qualität, die Hacken schwer und kräftig, die Pflugscharen ebenso, die Ochsen wohlgenährt" (Plin. *nat.* 18.8).

Furius Cresimus wirtschaftet klug und erfolgreich. Er ist sogar bald erfolgreicher als seine Nachbarn und wirtschaftlichen Konkurrenten. Zwar sind seine absoluten erwirtschafteten Gewinne immer noch niedriger als die der großen Landgüter in seiner Nachbarschaft. Aber nach und nach wird klar, dass seine Erträge größer werden, während die der Konkurrenten sinken (vgl. Liebs, 23). Das ruft selbstverständlich die Neider auf den Plan: Wie kann es sein, dass ein Freigelassener, der erst kürzlich noch ein Sklave war, mehr Erträge erzielt als die alteingesessenen Römer um ihn herum? Dies kann nicht mit rechten Dingen zugehen.

Ob seine Neider wirklich glauben, dass Furius Cresimus mit schwarzer Magie und Zaubersprüchen (*incantamenta*) zu Werke geht, oder ob sie dies bloß als Vorwand nehmen, um ihn aus dem Weg zu räumen, sei dahingestellt. Sicher ist jedoch: Sie bringen ihn vor Gericht, mit dem Vorwurf, er habe ihre Feldfrüchte mittels Magie auf seine Äcker gehext. Die Anklage vor der Volksversammlung leitet der zuständige Ädil. Plinius nennt auch dessen Namen: Spurius Albinus. Den Familiennamen verschweigt er aus irgendeinem Grund (Albinus ist nur ein Beiname), aber er lässt sich rekonstruieren. Einige Beinamen werden besonders häufig von bestimmten römischen Familien verwendet, und in der Familie der Postumier gibt es zahlreiche Albini. Zwischen 464 und 99 v. Chr. gibt es allein 22 verschiedene Konsuln mit dem Namen Postumius Albinus – so auch in der Zeit, in der wir uns gerade befinden, und dieser heißt sogar Spurius mit Vornamen. Es ist durchaus möglich, dass dieser Spurius Postumius Albinus, Konsul im Jahr 186 v. Chr., der auch durch sein Vorgehen gegen andere Zauberrituale und religiöse Sekten bekannt ist, fünf Jahre zuvor kurulischer Ädil ist. Wie seine Verbindung zu den Grundbesitzern ist, die den Kleinbauern anklagen lassen, ist nicht klar. Ist unter diesen ein Verwandter oder Bekannter? Hat er sogar selbst ein Landgut? Oder ist er überzeugt davon, es mit einem schwarzen Magier zu tun zu haben?

Eine Anklage wegen Zauberei ist zu Beginn des 2. Jahrhunderts v. Chr. nicht mehr an der Tagesordnung, aber eine rechtliche Grundlage besteht durchaus. Sie findet sich im Zwölftafelgesetz (*Leges duodecim tabularum*), der ersten Verschriftlichung des Rechts im alten Rom, das zu dieser Zeit bereits mehrere hundert Jahre alt ist. Es ist zu dieser Zeit nach wie vor geachtet und wohlbekannt – literarische Spuren belegen seine Gültigkeit noch für das 2. Jahrhundert n. Chr. (vgl. Söllner, 210). Das Zwölftafelgesetz führt mehrere Tatbestände des „Schadenzaubers" an, also der vorsätzlichen Schädigung eines anderen durch Magie. Einer dieser Tatbestände bezeichnet das Vergehen, Feldfrüchte aus dem Acker „herauszuzaubern", ein anderer, das Getreide eines Fremden auf seinen eigenen Grund und Boden zu locken (*Lex XII tab.* 8). Beide dieser Taten werden mit dem gleichen Strafmaß vergolten; ob Verbannung oder Tod ist nicht ganz klar. Aber selbst wenn er ins Exil gehen müsste, so würde Furius Cresimus doch seinen gesamten hart erarbeiteten Besitz verlieren – eine kaum weniger harte Strafe.

Die 8. Tafel des *Zwölftafelgesetzes*: Schadensersatz

Wenn jemand einem anderen ein Körperglied abgerissen hat und ihm keine Genugtuung gewährt, so soll es in gleicher Weise vergolten werden.

Wenn jemand einem freien Mann mit der Hand oder einem Stock einen Knochen bricht, muss er 300 Sesterzen Strafe zahlen; wenn er einem Sklaven einen Knochen bricht, 150 Sesterzen; wenn es eine geringere Verletzung ist, 25 Sesterzen.

Wenn jemand Feldfrüchte herauszaubert oder eines anderen Getreide herüberlockt, [wird dies mit gleicher Strafe vergolten].

Wenn jemand als Patron seinen Klienten zum Opfer eines Betruges macht, so soll er als rechtlos gelten.

Wenn jemand zum Zeugen berufen wird oder als der, der beim Kauf einer Sache die Waage hält, so soll er, wenn er kein Zeugnis ablegt, als ehrlos gelten und nicht länger Zeugnis ablegen dürfen.

Wenn jemandem ein Geschoss weiter aus der Hand fliegt, als er es werfen wollte, so soll er einen Widder bezahlen.

Lex XII tab. 8

Nachdem der Ankläger vor der Volksversammlung in Rom den Sachverhalt dargelegt hat, ist es an Furius Cresimus, sich zu verteidigen. Er weiß, dass er nur eine Strategie fahren kann, um das Volk, das über sein Schicksal entscheiden wird, zu überzeugen. Und so ist er nicht allein gekommen: Er hat seine Sklaven, seine Landarbeiter, seine Gerätschaften und sein Vieh mitgebracht. Und schließlich zeigt er darauf und sagt: „Das hier, oh Quiriten, sind meine Zaubermittel! Was ich euch nicht zeigen kann oder auf das Forum bringen, ist, wie viel ich des

Nachts arbeite, wie viel morgens in der Frühe und wie sehr ich dabei schwitze!" (Plin. *nat.* 18.8).

Als das Volk zu jubeln beginnt, weiß Albinus, dass er verloren hat und Furius Cresimus als freier Mann das Forum verlassen wird. Die Tatsache, dass ein Freigelassener sich unter frei geborenen Römern ansiedelt, stellt ein gesellschaftliches Ungleichgewicht dar; dass in diesem Fall der Freigelassene seine Nachbarn wirtschaftlich überflügelt, hat diese „soziale Assymetrie" (Graf, 60) sozusagen umgekehrt; wenn sich die Annahme, dass dies durch Zauberei geschehen ist, bewahrheitet hätte, so hätte dies das soziale Gleichgewicht wiederhergestellt. Doch nun, durch den Freispruch, ist es noch verfestigt worden. Dass Furius Cresimus, der ja ursprünglich aus dem griechischen Kulturraum stammt, durch seine Verteidigungsrede darauf hinweist, dass er als fleißiger Landwirt geradezu urrömische Tugenden verkörpert, unterstreicht diese Tatsache zusätzlich – dennoch wird er letztlich „damit in die Gesellschaft integriert, die ihn eben noch ausstoßen wollte" (ebd., 61).

Unschuldig vor Gericht: Sextus Roscius (80 v. Chr.)

Wieder machen wir einen kleinen Zeitsprung – und in dem nun folgenden Fall (wie auch einigen weiteren) wird uns ein Mann begegnen, der uns wie kaum ein zweiter Römer bekannt ist: Marcus Tullius Cicero, der größte römische Redner. Schließlich ist er zu Lebzeiten nicht nur Politiker, sondern vor allem Rechtsanwalt. Das eigentlich Kriminelle des Kriminalfalls, um den es nun gehen soll, ist, dass ein unbescholtener junger Mann, dessen Vater einem politischen Attentat zum Opfer gefallen ist, zu Unrecht des Mordes angeklagt wird – des Mordes an seinem eigenen Vater. Und was den Fall so bedeutend macht, ist, dass der junge Mann von Cicero verteidigt wird, der mit diesem Prozess den Grundstein seiner Karriere legt.

Wir befinden uns in den späten 80er Jahren v. Chr. – einer Zeit, die zu den dunkelsten Kapiteln der römischen Geschichte gehört. Rom wird vom Diktator Sulla regiert, und es ist, kurz gesagt, eine Zeit des staatlichen Terrors. Nach blutigen Bürgerkriegen hat Lucius Cornelius Sulla Felix, ein ehemaliger Feldherr, Gaius Marius und Cinna bezwungen und sich selbst im Jahr 82 v. Chr. zum Alleinherrscher aufgeschwungen – mit Unterstützung des Senats. Das römische Wort *dictator*, das eigentlich eine weitgehend wertfreie Bezeichnung darstellt (ein zeitlich befristetes außerordentliches Magistratsamt, dessen Einrichtung zum Beispiel in Zeiten des Krieges erforderlich sein kann), bekommt durch Sulla den Anstrich, den es in unserem modernen Sprachgebrauch hat. Sulla kann allein Gesetze erlassen und tut dies auch, ganz nach seinem Gutdünken. Die Rechte der Volkstribunen, der zweiten staatlichen Kraft neben dem Senat, werden eingeschränkt, der Senat dafür auf die doppelte Anzahl seiner Mitglieder vergrößert.

Wie in jeder Diktatur muss der Diktator bestimmte Maßnahmen ergreifen, um seine Macht zu sichern – vor allem wenn er weiß, dass große Teile der Bürger nicht hinter ihm stehen. Hier verfährt Sulla auf zweierlei Weise: Er feiert einen großen Triumphzug und lässt Spiele abhalten, um das Volk zu beruhigen. Und um die Anhänger der unterlegenen Partei auszuschalten, die sich auf die Fahnen geschrieben haben, die „einfachen Leute" zu vertreten, lässt Sulla, schon vor Antritt des Diktatorenamtes, öffentlich sogenannte Proskriptionslisten aushängen. Alle darauf aufgeführten Namen bezeichnen Todgeweihte: die Personen, die dieser Proskription zum Opfer fallen, gelten als Staatsfeinde, als vogelfrei. Wer einen dieser Vogelfreien umbringt, erhält vom Staat eine Belohnung, ihr Besitz wird öffentlich versteigert. Zuerst sind es nur 80 Namen, ein paar Tage später schon mehrere hundert, und so weiter und so fort ... Es dauert nicht lange, bis die ersten getötet werden, zum Teil auf offener Straße. Man nimmt an, dass in jenen Wochen und Monaten fast 5000 römische Bürger kaltblütig ermordet werden – darunter viele, die mit Marius und seinen Anhängern nicht das Geringste zu tun haben. Sogar Sulla unliebsame Senatoren sind darunter sowie viele andere Aristokraten.

In den 80er Jahren v. Chr. leben in Rom an die 800 000 Menschen. Eine solche Bevölkerungsmasse ist schwer zu kontrollieren, und die organisierte Kriminalität blüht. Nachts treiben *sicarii* (Dolchträger) ihr Unwesen, die als bezahlte Killer Menschen umbringen. Sie sind ein so großes Problem, dass Sulla eigens ein Gesetz gegen sie erlässt: die *lex Cornelia de sicariis*. Wenn schon gemordet wird, dann auf das Geheiß des Diktators – und zwar Personen, die ihm unliebsam sind.

Die reaktionären Kräfte in Rom, die Sulla stützen, entstammen größtenteils dem Senatorenstand. Es scheint ihnen wenig auszumachen, dass das wichtigste gesetzgebende Organ Roms quasi entmachtet worden ist. Aber das Regime erfährt auch Unterstützung von anderer Seite: etwa 10 000 Sklaven lässt Sulla frei, und diese, wie auch seine Heeresveteranen (deren Zahl sogar zehnmal so groß ist), stehen ungerührt auf der Seite des Diktators. Und auch die Willkür des Herrschers findet wenige öffentliche Kritiker – zu groß ist die Angst, die vor Sulla herrscht. Dabei wird die Situation immer abstruser: Bald verkündet der Diktator, es könnten Menschen auch nachträglich auf die Todeslisten gesetzt werden. Dies lässt das Ausmaß der staatlich sanktionierten Kriminalität noch weiter wachsen. Erst im darauffolgenden Jahr, am 1. Juni 81 v. Chr., endet das Proskriptionsverfahren. Doch ein Ereignis bringt diese schändliche Praxis in Rom noch einmal auf die Tagesordnung.

In der kleinen umbrischen Stadt Ameria ist man ein wenig ab vom Schuss. Zwar hat das politische Klima das ganze Land erfasst, aber hier ist man zumindest eine Tagesreise von Rom entfernt und von den Bluttaten, die den römischen Alltag bestimmen. Als die Proskriptionen zu Ende gehen, fühlt man sich auch hier auf dem Land wieder einigermaßen sicher. Das ändert sich schlagartig, als im Spätsommer des Jahres 81 v. Chr. bekannt wird, dass einer der bekanntesten und reichsten Einwohner Amerias, Sextus Roscius, ermordet worden ist. Immerhin nicht in Ameria selbst, sondern in Rom, das er gerade besuchte. Er ist am Rande des Marsfelds erstochen worden, eine Stunde nach Einbruch der Dunkelheit, offenbar als er von einer Einladung bei Bekannten zu seiner Unterkunft zurückgekehrt ist.

Mancher in Ameria traut seinen Ohren nicht, als er nun auch noch hören muss, dass der alte Sextus Roscius auf Sullas Proskriptionsliste auftaucht. Zwar ist die Frist für die Proskriptionen am 1. Juni 81 v. Chr. zu Ende gegangen, aber irgendjemandem ist es gelungen, Roscius' Namen noch nachträglich auf die Liste zu setzen. Das führt dazu, dass sein Sohn, Sextus Roscius der Jüngere, den Anspruch auf das beträchtliche Erbe verliert, das nun versteigert wird. Was die ganze Sache allerdings noch prekärer macht: Bald ist ein Verdächtiger ausgemacht und vor Gericht gestellt – Sextus Roscius, der Sohn, soll seinen eigenen Vater umgebracht haben. Da die Proskritptionsfrist nun verstrichen ist, kann er ganz legal des Mordes angeklagt werden, auch wenn sein Vater auf der Liste stand – ein juristischer Balanceakt, aber letztlich ist alles rechtlich abgesichert. Wenn der Vater nur ein paar Monate früher umgebracht worden wäre, würde der Mörder belohnt werden anstatt vor Gericht gestellt (vgl. Liebs, 53 ff.). Eine wirklich pervertierte Situation.

Der Mordprozess gegen Sextus Roscius wird gemäß dem Gesetz *de sicariis* durchgeführt, bei dem jedermann Klage einreichen kann. Als Ankläger tritt nun ein gewisser Gaius Erucius auf – ein Mann, der dem äußerst zweifelhaften Gewerbe des kommerziellen Anklägers nachgeht. Das heißt konkret: Der Ankläger bringt einen Verdächtigen vor Gericht und legt eine Anklageschrift vor. Wenn nun der Angeklagte verurteilt wird, erhält der Ankläger eine Prämie, die aus dem beschlagnahmten Vermögen ausgezahlt wird. Wird der Angeklagte jedoch freigesprochen, so kann es sein, dass der Ankläger selbst vor Gericht landet – wegen Verleumdung und Irreführung der Behörden (um es mit moderner Terminologie zu erklären). Eine Art Glücksspiel also und somit ein Berufszweig, der zwielichtige Gestalten geradezu anzieht.

Im Fall Sextus Roscius erhält der Ankläger noch Unterstützung, und zwar von ganz unerwarteter Seite: Titus Roscius Magnus, ein Vetter des Ermordeten, unterstützt die Anklage. Roscius Magnus stammt zwar ursprünglich auch aus Ameria, aber er ist anders als sein Verwandter, wie man sich schon fast denken kann, verarmt und lebt in Rom. Dass er auf den fahrenden Zug aufspringt, um einen Teil der Ankläger-Prämie zu erhalten, liegt mehr als nahe; vielleicht ist er es auch, der Erucius und seine Hintermänner überhaupt erst auf die Fährte des Sohnes angesetzt hat? Die Gerüchteküche brodelt.

Vatermord ist eines der schrecklichsten Verbrechen, das gilt auch und gerade für die römische Kultur. Die Überzeugung geht nicht so weit wie im alten China, wo man glaubt, dass einen Menschen, der seinen Vater tötet, ein von der Gottheit Erlang Shen gesandter Blitz treffen wird. Aber die vielen Beispiele für Vatermord aus der griechischen Mythologie (allen voran Orpheus) illustrieren die Bedeutung dieses Verbrechens, gerade in einer durch und durch patriarchalischen Gesellschaft. Oft haben es des Vatermords Angeklagte besonders schwer, weil die Richter aufgrund der Abscheulichkeit des Verbrechens (die natürlich auch in der Sextus-Roscius-Verhandlung thematisiert wird) besonders kritisch sind. Was das Strafmaß betrifft, so erwartet einen verurteilten Vatermörder in der späten Republik noch eine sehr traditionelle und geradezu skurrile Strafe, das sogenannte Säcken (*poena cullei*): Man näht den Mörder zusammen mit einer Schlange und anderen Tieren, zum Beispiel einem Hund, einem Hahn und/oder einem Affen (!), in einen Sack ein und wirft ihn ins Meer (vgl. Reuter, 320. Übrigens stammt die letzte bekannte Anwendung dieser Strafe aus dem 13. Jahrhundert, als Friedrich II. von Hohenstaufen gegen die Drahtzieher eines geplanten Attentats auf ihn vorgeht – schließlich ist er als Kaiser *wie ein Vater* zu ihnen gewesen; vgl. Elbern, 51).

Als der junge Sextus Roscius von der Anklage hört, ist er natürlich höchst alarmiert. Er flüchtet aus Ameria, reist inkognito nach Rom und taucht unter, bei Bekannten. Aber ist er wirklich der Mörder seines Vaters? Bald macht das Gerücht die Runde, Lucius Cornelius Chrysogonus, ein Freigelassener und enger Vertrauter Sullas, habe bei der ganzen Sache die Hand mit im Spiel gehabt. Immerhin hat er das riesige Vermögen des toten Roscius zu einem Spottpreis ersteigert. Doch vielen ist klar: Gegen diesen einflussreichen Mann wird sich niemand auflehnen wollen. Chrysogonus ist Sullas *right hand man*, und keiner wird sich die Finger verbrennen, indem er den (nun als totgeweiht geltenden) Sextus Roscius vertritt.

Als klar wird, dass sich schließlich doch ein Verteidiger für den aussichtslos scheinenden Prozess gefunden hat, wird die Verhandlung sofort zur Sensation. Menschenmassen verstopfen das Forum am ersten Prozesstag. Alle wollen den Mann sehen, der es wagt, quasi gegen Sulla persönlich anzutreten. Aber es ist keiner der bekannten und gefürchteten Anwälte – auf der Seite der Verteidigung sitzt der erst 26-jährige Marcus Tullius Cicero. Kaum jemand kennt sein Gesicht: Er tritt überhaupt erst zum zweiten Mal öffentlich als Anwalt auf dem Forum auf. Ein mutiger junger Mann oder ein Spinner? Es wird sich zeigen müssen.

Gleich zu Beginn seiner Rede weist Cicero daraufhin, dass er von den anwesenden Rednern sicherlich einer der unerfahrensten ist. Damit legt er sofort den Finger in die Wunde: Viele angesehene Juristen sind anwesend, denn niemand will sich diesen spektakulären Prozess entgehen lassen. Doch keiner hat sich ermannt, die Verteidigung des jungen Mannes zu übernehmen.

Anders Cicero, und er nimmt kein Blatt vor den Mund. Schon in seinen ersten Sätzen spricht er davon, dass jetzt lange genug die scheußlichsten Verbrechen und Morde begangen worden sind und nun endlich wieder Ordnung einkehrt, endlich wieder jemand vor Gericht gestellt wird, weil er einen Mord begangen hat (und nicht auch noch dafür belohnt wird). Schon fast wähnt man Cicero als Ankläger: Soll er nicht eigentlich für den Freispruch seines Mandanten sorgen – und nun freut er sich darüber, dass dieser Prozess stattfindet? Doch in diesem Moment scheint fast wichtiger, dass er mit seinen Worten die Proskriptionspraxis Sullas angreift, auch wenn er ziemlich schnell einschiebt, er nenne Sullas Namen ausschließlich, um ihn zu ehren; an mehreren Stellen in seiner Rede weist er darauf hin, dass Sulla von all dem keine Ahnung gehabt habe (Cicero weiß sehr wohl, was es bedeuten würde, den Diktator direkt anzugreifen).

Der Beginn von Ciceros Verteidigungsrede für Sextus Roscius

Ich nehme an, ihr Richter wundert euch, dass hier so viele so bedeutende Redner und hochangesehene Männer sitzen geblieben sind und ausgerechnet ich aufgestanden bin – ich, der ich mich doch mit denen, die hier sitzen, in punkto Alter, Begabung und Autorität überhaupt nicht vergleichen kann. Alle, die ihr hier seht, sind zwar in diesem Fall ebenso der Meinung, dass man sich gegen eine solch ungerechte Anschuldigung zur Wehr setzen muss, wagen es aber nicht, aufgrund der schwierigen Zeiten. So geschieht es, dass sie zwar hier sind, weil sie ihrer Pflicht nachkommen, aber dennoch schweigen, weil sie die Gefahr meiden.
Was nun also? Bin ich denn der Mutigste hier? Wohl kaum. Oder pflichtbewusster als die anderen? Dieses Lob möchte ich mir nicht so sehr zusprechen, dass ich es jemand anderem wegnehme. Was drängt also nun gerade mich, dass ich den Fall Sextus Roscius übernehme?
Ich tue es, denn wenn einer der anderen hier so angesehenen Anwesenden etwas über den Zustand des Staates gesagt hätte (und das muss man in diesem Fall), dann hätte man hinter seinen Worten mehr vermutet, als er vielleicht tatsächlich gesagt hätte. Ich aber kann ganz offen alles sagen, was gesagt werden muss, und meine Rede wird trotzdem nicht in ähnlicher Art und Weise herauskommen und sich im Volk verbreiten können.
Ich tue es zudem, weil man den anderen hier aufgrund ihrer ehrenhaften Stellung, ihrer Würde, ihres Alters und ihrer Klugheit nichts von dem, was sie sagen, nachsehen kann, auch wenn sie es spontan von sich geben. Wenn ich aber ganz frei und offen rede, dann wird es nicht die große Runde machen, denn ich habe meine politische Laufbahn ja noch gar nicht begonnen – oder man sieht es mir nach, aufgrund meiner Jugend. Allerdings hat man in diesem Staat inzwischen sowohl vergessen, wie man verzeiht, als auch, wie man eine ordentliche gerichtliche Untersuchung führt.

Cic. S. Rosc. 1–3

Schnell findet er auch klare Worte dafür, worum es bei der ganzen Sache geht: nicht etwa um ein Menschenleben, sondern um sechs Millionen Sesterzen, den Wert des Vermögens des alten Roscius, das der Freigelassene Chrysogonus für ganze zweitausend Sesterzen gekauft hat. Roscius' Sohn, so Cicero, ist unschuldig, die wahren Täter sind die, die vom Verbrechen monetär profitiert haben – namentlich zunächst einmal: Chrysogonus. Cicero begibt sich auf dünnes Eis, aber mutig spricht er aus, was viele denken: „Zuerst möchte ich Chrysogonus bitten, mit unserem Geld und unseren Besitztümern Vorlieb zu nehmen und nicht auch noch hinter unserem Blut und unserem Leben her zu sein. Zweitens bitte ich euch, oh Richter, dem Verbrechen kühner Männer zu widerstehen, das Unglück von den Unschuldigen abzuwenden und im Falle des Sextus Roscius die Gefahr, die allen Beteiligten droht, zurückzuschlagen" (Cic. S. Rosc. 7). Doch Chrysogonus ist nicht allein verantwortlich, so Cicero, es gebe noch weitere Hintermänner der Intrige.

Bevor Cicero dazu kommt, diesen Punkt auszuführen, legt er zunächst detailliert die Hintergründe dar. Der alte Roscius war nicht nur in Ameria ein bekannter und einflussreicher Mann, er verfügte auch über gute Verbindungen nach Rom und war mit Vertretern von mehreren der wichtigsten römischen Familien (wie den Metellern und den Serviliern) befreundet. Außerdem war er ein Anhänger der Partei, die Sulla favorisierte (was es umso erstaunlicher erscheinen lässt, dass er auf Sullas Todesliste stand). Die Feinde, die er zu Lebzeiten hatte, finden sich woanders: in seiner eigenen Familie.

Einer dieser Feinde, Roscius Magnus (von dem schon die Rede war), ist als Mitankläger beim Prozess anwesend. Ciceros Beschreibung dieses Mannes ist wenig schmeichelhaft – er habe von dem anderen an der Intrige beteiligten Roscier das blutige Handwerk gelernt, und nun „hat er den Lehrmeister in puncto verbrecherischem Wagemut übertroffen" (Cic. S. Rosc. 17).

Es verwundert nun nicht mehr, dass Cicero seine Beweisführung darauf aufbaut, dass ausgerechnet diese beiden Roscier (zusammen mit Chrysogonus) den Plan geschmiedet haben, ihren Verwandten ermorden zu lassen und den Mord dem Sohn des Roscius in die Schuhe zu schieben, um so einen Teil von seinem Vermögen zu erhalten. Was jedoch verblüfft, ist, mit welcher absoluten Sorglosigkeit der Plan ausgeführt wurde. Es grenzt geradezu an Fahrlässigkeit: Die Roscier haben nicht bedacht, dass Sextus Roscius sich zum Zeitpunkt des Mordes in Ameria aufhielt und nicht in Rom, wo der Vater erstochen wurde. Ja, sie haben sich nicht einmal um ein eigenes Alibi gekümmert. Erst nach dem Mord haben die Roscier, so Cicero, Chrysogonus in ihre Intrige mit hineingezogen. Es reicht die Schilderung der Größe des Vermögens des Ermordeten, zu dem ganze 13 Landgüter gehören, dass Chrysogonus dessen Namen noch in die Proskriptionsliste schreiben lässt. Jetzt gilt es nur noch, den Sohn aus dem Verkehr zu ziehen. Und wieder weist Cicero darauf hin, dass Sulla an dem Komplott keinen Anteil gehabt hat: „Auch wenn einer Felix [„glücklich"] heißt, so wird er doch in seiner großen Familie einen Sklaven oder Freigelassenen haben, der ein Schurke ist" (Cic. *S. Rosc.* 22).

Trotz allem ist Cicero hier Verteidiger und kein Ankläger. Und einer der wichtigsten Punkte für ihn und den Freispruch seines Mandanten ist das fehlende Motiv: Warum hätte der Sohn den Vater umbringen sollen? Er verwaltete ohnehin die Landgüter und lebte nicht schlecht – ein Mord aus Habgier (noch dazu ein Vatermord) will als Motiv wirklich nicht einleuchten. Und dass der Vater mit dem Sohn unzufrieden gewesen ist, wie die Anklageschrift es formuliert, scheint ebenso wenig haltbar wie die Theorie, der Sohn habe den Vater gehasst. Stattdessen setzt Cicero ganz auf eine Karte, die noch heute eine der Kardinalfragen bei der Verbrechensaufklärung darstellt: Wer hat vom Verbrechen profitiert? Das sind zweifellos Chrysogonus und die Roscier, denen er ein paar der Landgüter übereignet hat (vgl. Liebs, 59). Roscius Magnus hatte sich seit dem Mord häuslich in Ameria niedergelassen, und schon bald ist eine Abordnung der dortigen Ratsherren nach Rom gefahren, um sich über das Gebaren des Neureichen zu beschweren – und um zu erreichen, dass der Name ihres verehrten und angesehenen Toten aus der Proskriptionsliste gestrichen würde, auf der er ohnehin nichts zu suchen hatte. Man ahnt es vielleicht schon: Die Gesandten haben Sulla nie zu sehen bekommen, stattdessen aber Chrysogonus; und der hat verspochen, sich für die Sache einzusetzen. Er hat sogar angekündigt, dafür zu sorgen, dass der im Ort ebenfalls beliebte Sohn von dem hässlichen Verdacht reingewaschen wird und sein Erbe antreten kann.

Natürlich hat Chrysogonus nichts dergleichen getan – ein weiteres schwerwiegendes Indiz für dessen Schuld und Sextus Roscius' Unschuld. Letzterer hat schon bald zu spüren bekommen, dass man ihm nach dem Leben trachtet – sicherlich: Solange er am Leben war, liefen die Drahtzieher der Intrige Gefahr, entlarvt zu werden und ihren neugewonnenen Reichtum wieder zu verlieren. Er ist nach Rom geflüchtet, zu den Metellern, einer weiteren bekannten Familie der Stadt, wo er sich bis zum Beginn des Prozesses versteckt gehalten hat. Da die Roscier (bzw. von ihnen bezahlte *sicarii*) nun nicht mehr an den Sohn herangekommen sind, haben sie schließlich beschlossen, ihn des Mordes an seinem eigenen Vater anzuklagen.

Cicero bringt den Sinn und Zweck des Prozesses mit wenigen Worten auf den Punkt: „Soweit ich sehen kann, sind es drei Dinge, die momentan gegen Sextus Roscius sprechen: seiner Gegner Anklageschrift, Dreistigkeit und Macht" (Cic. *S. Rosc.* 35). Diese drei Dinge verteilt er auch schnell auf die Anwesenden: Für die Anklageschrift hat sich Erucius, der berufsmäßige Ankläger, zu verantworten; die Dreistigkeit ist den Rosciern zu eigen; den größten Anteil an der Intrige aber, so Cicero, hat Chrysogonus, der seine machtvolle Stellung ausgenutzt hat.

Alle Punkte, die die Anklage noch zu formulieren vermag, entkräftet Cicero umgehend, sozusagen aus dem Handgelenk. Allen Beteiligten, den Zuhörern wie den Richtern, muss spätestens nach der Hälfte der langen Ausführungen Ciceros klar sein, dass die Anklage nichts, wirklich gar nichts zu bieten hat als Theorien, die nicht zu beweisen sind. Es scheint so, als hätten die Drahtzieher sich gar nicht erst die Mühe gemacht, Beweise zu fingieren oder falsche Zeugen zu bestechen. Offenbar scheint niemand damit gerechnet zu haben, dass es jemand wagen würde, die (bei Licht betrachtet doch sehr oberflächliche) Anklage anzugreifen.

Man muss noch einmal darauf hinweisen: Rom wird zu dieser Zeit von einem Mann regiert, der an die 5000 Feinde hat umbringen lassen, darunter bekannte und hochgestellte Männer. Und Chrysogonus ist Sullas rechte Hand – seine dunklen Machenschaften aufzudecken muss wie ein Selbstmordkommando erscheinen. Und dennoch findet Cicero die passenden Worte für ihn und spricht vielen aus der Seele, als er sagt: „Welcher Räuber war je so ruchlos, welcher Seeräuber so barbarisch, dass er seinem Opfer lieber die Beute entreißt, wenn Blut daran klebt, als dass er sie ihm ohne Blutvergießen abnimmt?" (Cic. *S. Rosc.* 146).

Am Ende müssen die Richter Cicero zustimmen – die Anklage hat gegen Sextus Roscius nichts in der Hand. Er wird freigesprochen, doch

Ciceros Rechnung geht auch in anderer Hinsicht auf: Über Nacht wird er zu einer Art Volksheld, und als solcher kann er sich einigermaßen sicher fühlen vor eventuellen Racheakten. Cicero hat geschafft, wozu sich keiner seiner berühmten Kollegen ermannt hat. Trotzdem geht er auf Nummer sicher und verlässt Rom, um sich in Griechenland und Kleinasien fortzubilden.

Doch wer hat Sextus Roscius wirklich umgebracht? Die Annahme, dass die Roscier die Mörder sind, scheint im Nachhinein nicht ganz schlüssig: Schließlich profitieren sie erst von Roscius' Tod, nachdem sie mit Chrysogonus ihren Pakt besiegelt haben – und das geschieht erst, *nachdem* der alte Roscius ermordet worden ist (jedenfalls gemäß Ciceros Ausführungen, und wir haben wenig anderes, auf das wir uns heute stützen können). Denn erst nachdem Roscius' Name auf der Proskriptionsliste auftaucht, kann sein Vermögen konfisziert werden. Könnte Sextus Roscius also doch der Mörder seines Vaters sein? Immerhin erbt er am Ende das große Vermögen. Und es erscheint auch ein wenig seltsam, dass niemand aus Ameria beim Prozess anwesend ist und für ihn aussagt, wenn er dort doch so beliebt ist.

Wie dem auch sei: Die Intrige, die Cicero aufdeckt und bei der sich die drei Männer das Vermögen des Toten unter den Nagel gerissen haben, hat sicherlich in dieser Form stattgefunden. Und sie ist ein Beispiel für staatlich sanktionierten Terror, der in dieser Art und Weise unter Sulla bestimmt vielfach stattgefunden hat.

Doch Ciceros Plädoyer dafür, dass in der Rechtsprechung (wie im ganzen Staat) wieder Recht und Ordnung herrschen sollen, findet Gehör – und bald ändern sich die politischen Verhältnisse tatsächlich zum Besseren: Sulla legt schon zu Beginn des folgenden Jahres sein Amt nieder und zieht sich zurück; warum, ist nicht ganz klar, vielleicht ist er einfach amtsmüde. Mit seiner fünften Ehefrau verlegt er seinen Wohnsitz an den Golf von Neapel und schreibt an seiner Autobiographie – sie bringt es am Ende auf 22 Bücher. Im Jahr darauf stirbt Sulla. Cicero kehrt nach Rom zurück und führt viele weitere Prozesse, darunter einen, bei dem er die andere Seite des Prozessgeschehens vertritt und der bis heute mit seinem Namen in Verbindung gebracht wird: den Prozess gegen Verres (s. S. 65 ff.).

Gesprengte Ketten:
Spartacus (73 v. Chr.)

Die Geschichte von Spartacus ist die Geschichte eines Verbrechens gegen die herrschende staatliche Ordnung, das sich zu einem regelrechten Krieg auswächst. Ein Unterdrückter, der sich gegen die Staatsmacht auflehnt, und der zugleich ein geschickter Demagoge ist und ein Experte in Guerilla-Taktik – eine fatale Mischung (vgl. Strauss, 6), durch die die ohnehin schwierige politische Lage der römischen Republik sich so sehr zu verschärfen droht, dass Rom schließlich militärisch gegen ihn und seine Aufständischen vorgeht. Kein Wunder, dass der Name Spartacus für die Zeitgenossen schon bald nach den Vorgängen, die in diesem Kapitel geschildert werden, als Schimpfwort gilt. Für die Neuzeit sieht dies ganz anders aus: Der Sklave, der gegen die Sklaverei kämpft, kann vom modernen Leser eigentlich nur Sympathie ernten. Dennoch wird das berühmte Zitat von Karl Marx, Spartacus sei „der famoseste Kerl" gewesen, den „die ganze antike Geschichte aufzuweisen hat", von der Forschung heute kaum mehr bestätigt, zumal nur wenige Fakten tatsächlich verifizierbar sind (vgl. Zahrnt, 219).

Spartacus stammt höchstwahrscheinlich aus Thrakien, was in etwa dem heutigen Bulgarien und Süd-Rumänien entspricht. Verschiedene Quellen sagen aus, dass er als junger Mann in der römischen Armee kämpft, bei den sogenannten Hilfstruppen (*auxilia*). Solche Hilfstruppen bestehen aus Männern, die keine römischen Bürger sind und in der Regel dem Volk angehören, in dessen Provinz eine römische Militäreinheit stationiert ist. Warum er schließlich desertiert, ist unklar – vielleicht ist diese ganze Episode auch nur irgendwann erfunden worden, um eine Herkunftslegende zu haben. Denn irgendwie muss Spartacus ja nach Rom gekommen und auf dem Sklavenmarkt verkauft worden sein.

Fakt ist, dass er sich Mitte der 70er Jahre v. Chr. in einer Gladiatorenschule in Capua (Kampanien) wiederfindet. Das Wort „Schule" führt nach unserem heutigen Verständnis allerdings ein wenig in die Irre. Eine solche Einrichtung, wie man sie überall im Römischen

Reich findet, ist vielmehr ein Mittelding zwischen Kaserne und Gefängnis. Viele der dort ausgebildeten Gladiatoren sind Sklaven. Allerdings nicht alle: Die moderne Forschung hat den Mythos des zum Kampf gezwungenen Gladiatoren, der vom gewinnsüchtigen Besitzer zum Kampf um Leben und Tod gezwungen wird, teilweise widerlegt; viele Gladiatoren sind damals Freigeborene, die als Kämpfer durchaus Karriere machen können. Einige bringen es sogar zu Reichtum und Wohlstand, viele zu großem Ruhm – ein wenig sind die Gladiatoren die damaligen Popstars, deren Namen von Fans als Graffiti auf die Wände geschmiert werden.

Für die Sklaven unter den Gladiatoren sieht dies freilich ein wenig anders aus. Sie sind nicht freiwillig dort, sondern in der Regel vom *lanista* (Leiter der Kaserne) gekauft worden, weil sie vielversprechende körperliche Merkmale aufweisen; so auch Spartacus, wie die Quellen wissen, die ihm jedoch neben körperlicher auch geistige Größe bescheinigen (vgl. Plut. *Crass.* 8.2; Sall. *hist.* 3.91). In Capua führt Spartacus 73 v. Chr. einen ersten Sklavenaufstand an: Zusammen mit etwa 200 anderen Gladiatorensklaven plant er aus der Kaserne des Cornelius Lentulus Batiatus auszubrechen, etwa 70 gelingt schließlich die Flucht (vgl. Gelzer, 60).

Spartacus und seine Mitsklaven flüchten sich auf den Vesuv. Durch die Ausbrüche seit dieser Zeit kann die Topographie des Vesuv nicht genau rekonstruiert werden, aber es scheint so, als seien die zwei heutigen Gipfel des Vesuv zur damaligen Zeit verbunden und formten einen gemeinsamen Krater. Vielleicht ist es in diesem Krater mit seinen steilen Wänden, wo sich die Rebellen verschanzen (vgl. Strauss, 56). Sie rüsten weiter auf und versorgen sich, indem sie Häuser und Höfe in der Umgebung überfallen. Derweil wird die Zahl der um Spartacus versammelten Aufständischen immer größer. Wie viele es zu diesem Zeitpunkt sind, lässt sich schwer ermitteln. In den Quellen gibt es verschiedene Angaben, und man muss immer die Tendenz mit einberechnen, die Zahl der Feinde hochzuspielen, wenn es gilt, eine peinliche Niederlage des Staates einzuräumen (vgl. Zahrnt, 221). Jedoch kann es gut sein, dass Spartacus zu dem Zeitpunkt, als Rom endlich reagiert, bereits an die tausend Mann unter sich hat.

Der Historiker Plutarch über Spartacus

Der Aufstand der Gladiatoren, der eine Verwüstung Italiens zur Folge hatte und den man allgemein den „Spartacus-Krieg" nennt, hatte seinen Ursprung wie folgt: Ein gewisser Lentulus Batiatus hatte eine Gladiatorenschule in Capua, die meisten seiner Gladiatoren waren Gallier und Thrakier. Nicht, weil sie sich schlecht betrugen, sondern aufgrund der Ungerechtigkeit ihres Besitzers wurden sie in enge Räume eingepfercht, um später bei Gladiatorenkämpfen aufzutreten. Zweihundert beschlossen, zu fliehen; zwar wurde der Plan verraten, aber es gelang immerhin 78 von ihnen, zu entkommen, nachdem sie sich in einer Küche mit Messern und Bratenspießen bewaffnet hatten. Auf dem Weg begegneten ihnen zufällig mehrere Wagen, die Gladiatorenwaffen in eine andere Stadt brachten, und sie plünderten sie und nahmen die Waffen an sich. Dann verschanzten sie sich und wählten drei Anführer. Der erste war Spartacus, ein Thraker aus einer Meder-Familie, der nicht nur mutig und von großer Körperkraft war, sondern auch durch seinen Verstand und sein sanftmütiges Wesen über seinem Schicksal stand – eigentlich mehr Hellene als Thraker. Man sagt, als er vormals nach Rom gebracht worden war, um verkauft zu werden, da sei, als er schlief, eine Schlange über sein Gesicht gekrochen. Eine Frau, die aus demselben Stamm wie Spartacus kam und die sich aufs Wahrsagen verstand und mitunter vom Wahnsinn des Dionysos heimgesucht wurde, sah darin ein Omen einer großen und schrecklichen Macht, die ihn zu einem unglücklichen Ende führen würde. Sie war mit ihm zusammen auf der Flucht.

Plut. *Crass.* 8

Nach einigen vergeblichen Versuchen örtlicher Truppen, gegen Spartacus vorzugehen, kommt nun endlich aus Rom Unterstützung, in Form des Proprätors Gaius Claudius Glaber. Spätestens jetzt kommt Spartacus seine aktive Militärzeit zugute, und er erweist sich als guter Stratege. Zwar wird seinen Truppen von Glaber und dessen Heer der Weg abgeschnitten, aber es gelingt ihnen, die Umlagerung zu umgehen, die Angreifer zu verjagen und sich dann auch noch deren Lager mitsamt Ausrüstung einzuverleiben.

Das Heer der Sklaven macht sich nun in Richtung Süditalien auf. Es wächst ständig; nicht nur Sklaven, auch Freigeborene, wahrscheinlich vor allem verarmte Landbewohner, schließen sich ihm an. Es hat sich schnell herumgesprochen, dass die Beute der Raubzüge gleichmäßig unter allen verteilt wird. Dass auch freie Römer mit den Sklaven gemeinsame Sache machen, ist der allgemein schwierigen Lage geschuldet, in der die römische Republik sich befindet. In der Außenpolitik ist einerseits Pompeius dabei, einen Bürgerkrieg in Spanien zu beenden, andererseits führt Rom einen hoffnungslos scheinenden Krieg am Schwarzen Meer gegen Mithridates VI. und einen ebenso schwierigen Kampf gegen die Seeräuber im Mittelmeer. Und auch innenpolitisch gibt es Probleme: Versorgungsschwierigkeiten führen die italische Bevölkerung an den Rand einer Hungersnot, überall gibt es deswegen Proteste, und in Etrurien führt die Verteilung von Land an Heeresveteranen zudem zu einem Aufstand der dortigen Bevölkerung (vgl. ebd., 220).

Diverse Legaten mit ihren mehrere Tausend Mann starken Heeresverbänden werden geschlagen, und sogar das Heer des Prätors Publius Varinius, das die immer weiter südostwärts ziehende und immer größer werdende Truppe von Aufständischen endlich stoppen soll, wird aufgerieben. Einer der Gründe für die beispiellosen Siege eines Heeres meist ungelernter Kämpfer gegen gut ausgebildete römische Legionäre mag die Motivation sein: Wer nichts zu verlieren hat und vielleicht zum ersten Mal im Leben so etwas wie Freiheit spürt, kämpft anders als ein Söldner, der den Befehlen seines Zenturio folgt. Dazu kommt, dass Spartacus alle Schlachten gegen Vertreter Roms akribisch vorbereitet und sich ein ums andere Mal als überlegener Stratege zeigt. Die Heereszersetzung erweist sich immer mehr als Problem, als zahlreiche Soldaten zum Heer des Spartacus überlaufen. Süditalien, das besonders unter der schlechten Versorgungslage zu leiden hat, erweist sich zudem als besonders fruchtbar, was das Rekrutieren neuer Anhänger betrifft. Unzählige Sklaven verlassen die Häuser ihrer Herren und schließen sich Spartacus an. Wahrscheinlich zählt das Heer der Aufständischen zu dieser Zeit (72 v. Chr.) schon über 25 000 Mann (es gibt Quellen, die davon sprechen, das Heer sei am Höhepunkt der Bewegung 60 000 oder sogar über 100 000 Mann stark; vgl. Strauss, 239).

Doch was wollen die Sklaven, was will Spartacus überhaupt? Jetzt, wo so viele ihm folgen, muss bald entschieden werden, welches Ziel der

Heereszug verfolgt. Spartacus' Vorstellung geht dahin, den Sklaven, die ja größtenteils (wie er selbst) aus fernen Ländern kommen und dort freie Bürger gewesen sind, die Reise in die Heimat zu ermöglichen. Gegen Rom will er nicht ziehen und sagt dies auch ausdrücklich – dies will aber Krixos, einer der zwei Männer, die mitverantwortlich für den Aufstand sind. Krixos, ein Kelte, einigt sich mit Spartacus und bleibt mit seinem Heer, zu dem viele Freigeborene gehören, in Süditalien. Spartacus zieht derweil mit dem Großteil der Rebellen zunächst nach Norden, in die Provinz Gallia Cisalpina, um Italien über die Alpen zu verlassen. Soweit der Plan.

Krixos' Heeresteil wird ziemlich schnell in einer Schlacht in Apulien gegen das von einem der amtierenden Konsuln persönlich angeführte Heer vernichtend besiegt, doch Spartacus gelingt es, sich über den östlichen Apennin bis nach Norditalien durchzuschlagen. Dort angekommen, stellt sich ihm ein 10 000 Mann starkes Heer entgegen, das vom Statthalter der Provinz, Prokonsul Gaius Cassius Longinus, geführt wird. Bei Mutina (dem heutigen Modena) kommt es zur Schlacht, und Spartacus ist wieder siegreich.

Warum Spartacus mit seinem Heer nun nicht, wie eigentlich geplant, weiter in Richtung Gallien zieht, darüber gibt es keine gesicherten Erkenntnisse. Vielleicht ist es der schiere Anblick der Berge, der sie vom Plan, über die Alpen zu fliehen, abbringt. Die meisten sehen das Bergmassiv sicherlich zum ersten Mal in ihrem Leben (vgl. ebd., 106). Auf jeden Fall wendet sich Spartacus wieder nach Süden, das neue Ziel: Kalabrien – die „Schuhspitze" des italischen Stiefels. Vielleicht plant er, nach Sizilien überzusetzen, um die dortigen Sklaven in sein Heer mit aufzunehmen. Immerhin hat es auf Sizilien erst kürzlich Sklavenaufstände gegeben. Möglich ist aber auch, dass er ein Abkommen mit kilikischen Seeräubern geschlossen hat, die dafür sorgen sollen, dass die Sklaven von Sizilien aus in ihre Heimat verschifft werden.

Im Laufe der Zeit ist die Armee des Spartacus immer professioneller geworden: Die „Soldaten" erhalten eine Grundausbildung, die unterwegs erbeuteten Waffen sind immer besser, und man hat sich sogar zahlreiche Pferde angeschafft, so dass es nunmehr neben den leicht- und schwerbewaffneten Fußsoldaten sogar eine Reiterei gibt. Als das Spartacus-Heer auf dem Rückweg nach Süden in Picenum von zwei Armeen zugleich angegriffen wird, die von den zwei römischen Konsuln angeführt werden, siegt Spartacus gegen beide. Die Situation wird immer schwieriger für den Senat, und Hoffnung kommt erst in Person des Prätors Marcus Licinius Crassus auf. Er erklärt sich bereit, gegen Spartacus vorzugehen. Dazu versammelt er die Überreste der konsularischen und aller anderen bislang gegen die Sklavenarmee eingesetzten Heere; zusätzlich erhält er sogar noch sechs Legionen zur Verstärkung – schließlich unterstehen ihm etwa 45 000 Mann (vgl. Zahrnt, 224). Mit drakonischen Disziplinarmaßnahmen will er die Moral der Truppe wiederherstellen. Zum Beispiel lässt er die Mitglieder einer Kohorte, die sich geweigert haben, gegen Sklaven zu kämpfen, „dezimieren", d. h. jeden zehnten Soldaten hinrichten.

Spartacus ist derweil bereits südlich von Rom, aber Crassus befürchtet, er könne doch noch umkehren und sich gegen die Hauptstadt wenden. Dies geschieht nicht, und Crassus macht sich mit seinem gewaltigen Heer daran, Spartacus zu verfolgen. Einzelne Teile beider Heere kämpfen immer wieder gegeneinander, aber die Männer des Spartacus sind meistens die Siegreichen. Crassus muss immer mehr Truppen aus Rom nachbeordern; sie werden unter anderem eigens von Pompeius aus Spanien geschickt. Als die Aufständischen im Sommer des Jahres 71 v. Chr. endlich in Kalabrien eintreffen, gelingt es ihnen nicht, nach Sizilien überzusetzen. Vielleicht ist dies auf den guten Küstenschutz zurückzuführen, den der sizilische Statthalter Gaius Verres (s. S. 65f.) eingerichtet hat. Es kann auch sein, dass Spartacus sich bereits hier mit den Piraten hat treffen wollen und diese ihn im Stich lassen. Sei dem, wie es wolle: Schnell rückt Crassus nach, und schließlich sieht sich Spartacus mit seinen Truppen auf der Halbinsel von Regium (dem heutigen Reggio Calabria) eingeschlossen.

Laut Plutarch lässt Crassus nun einen über 50 km langen und 3 m breiten und tiefen Graben ausheben und zusätzlich mit einer patrouillierten Mauer sichern (vgl. Plut. *Crass.* 10.5), was Spartacus vollkommen isoliert. Die heutige Forschung bezweifelt dies – wahrscheinlich ist die Fläche, auf der sich das Sklavenheer eingeschlossen findet, wesentlich kleiner (vgl. Zahrnt, 226 f.). Die Lage scheint aussichtslos; Spartacus erklärt sich bereit, zu verhandeln, aber Crassus weist jedes solches Angebot strikt von sich. Da aber nichts weiter geschieht, wird man Rom erneut unruhig. Pompeius wird bald aus Spanien eintreffen, und vielleicht soll der erfolgreiche und beliebte Feldherr Crassus zur Unterstützung eilen. Sicher ist, dass Crassus von der Strategie, das Sklavenheer auszuhungern, abkehrt und wieder Angriffe startet. Mag sein, dass er den militärischen Erfolg für sich allein erringen will, bevor Pompeius oder jemand anderes eintrifft und ihm den Ruhm streitig machen kann (vgl. Seager 1994, 222 f.). Doch alle Angriffsversuche schlagen fehl, Pompeius lässt auf sich warten. Und dann gelingt Spartacus auch noch ein weiterer Coup: Der Belagerungsgraben wird an einer unbewachten Stelle zugeschüttet, das Sklavenheer wehrt die Angreifer, die sich ihm in den Weg stellen, ab, und es entkommt erneut. Jetzt bewegt sich Spartacus mit seinen Truppen in Richtung Brundisium (dem heutigen Brindisi) im Osten Italiens. Da befindet sich ein für Rom strategisch wichtiger Hafen, und Spartacus will versuchen, dort genügend Schiffe zu besorgen, um mit dem gesamten Sklavenheer aus Italien auf dem Seeweg zu fliehen (vgl. Strauss, 168).

Nicht alle scheinen jedoch mit dem neuen Plan einverstanden zu sein. Möglicherweise genügt es einem Teil der Sklaven nicht, zu fliehen, sondern sie wollen kämpfen – gegen Rom. Zumindest spaltet sich das Heer erneut auf: Die Kelten Castus und Gannicus versammeln die gallisch- und germanischstämmigen Sklaven um sich und formieren einen eigenen Heereszug. Es scheint, dass Crassus nur auf eine solche Strategie gewartet hat: In der heutigen Basilikata greift Crassus an und trifft das Heer der Kelten zweimal empfindlich, bis Spartacus eingreifen kann und zumindest verhindern, dass die nach der Schlacht Flüchtenden verfolgt werden. Livius schreibt von 35 000 Toten auf Seiten der Kelten; außerdem gewinnt Crassus durch den Sieg 31 Feldzeichen (darunter fünf Legionsadler) und fünf Liktorenbündel zurück. Wenn diese Zahlen auch nur einigermaßen der Wahrheit entsprechen, dann zeigen sie nicht nur, wie riesig das Heer der Aufständischen bereits ist, denn dies war ja nur ein kleinerer Teil des Heeres, sondern auch, welch herbe Verluste die römischen Truppen – vor allem die Heere der Konsuln – bislang davon getragen haben (vgl. Zahrnt, 228).

Als das Sklavenheer bereits kurz vor Brundisium steht, bekommt Spartacus Nachricht, dass Terentius Varro Lucullus mit seinen Truppen in der Stadt eingetroffen ist. Lucullus ist erst kürzlich vom Schwarzen Meer zurückgekehrt und hat in Rom für seine militärischen Erfolge im Osten einen Triumphzug erhalten (vgl. Cic. *Pis.* 44). Mit Lucullus'

Anwesenheit ist der Weg zum Hafen versperrt. Spartacus wendet sich mit seinem verbleibenden Heer wieder nach Süden und zieht in Richtung Kalabrien.

Zwei kleinere Heere setzen ihm nach, ein Quästoren- und ein Legatenheer, und Spartacus kann beide in die Flucht schlagen. Und dann kommt es zur letzten, zur entscheidenden Schlacht gegen Crassus – mag sein, dass Spartacus nach der langen Zeit und den vielen Kämpfen endlich die Entscheidung sucht, mag sein, dass seine Männer „im Rausch des gerade errungenen Teilerfolgs" diese Schlacht erzwingen (Zahrnt, ebd.). Crassus ist dies mehr als recht – Pompeius ist endlich wieder in Italien gelandet, und es kann nicht lange dauern, bis er mit seinem Heer eintrifft, um den Sklavenkrieg zu beenden. Also heißt es schnell handeln: Pompeius soll Crassus' Streben nach Ruhm nicht in die Quere kommen.

In Apulien kommt es zur Entscheidung. Die dezimierten und erschöpften Rebellen sind zweimal durch ganz Italien gezogen, in Rüstung, immer wieder in kleinere Kämpfe verwickelt. Jetzt bäumen sie sich ein letztes Mal auf, aber im direkten Kampf gegen Crassus' Legionäre sind sie diesmal unterlegen. Die Schlacht dauert lang, und Spartacus versucht, wie die Quellen berichten, vergebens mit dem Schwert in der Hand bis zu Crassus vorzudringen. Es gelingt ihm nicht. Spartacus wird angeblich getötet, auch wenn man seine Leiche hinterher nicht findet oder nicht identifizieren kann. Etwa 60 000 Aufständische haben in der letzten Schlacht gekämpft, die meisten haben ihr Leben gelassen. Für die Überlebenden hat Crassus sich etwas ganz besonders Grausames ausgedacht: Die ganze Via Appia entlang werden sie am Straßenrand gekreuzigt – 6 000 sterbende Sklaven säumen schließlich den Weg von Capua, wo der Aufstand seinen Anfang genommen hat, bis Rom (vgl. Seager 1994, 223).

Wie ist dieser Sklavenkrieg nun zu bewerten? Sicherlich kommt es uns heute zunächst einmal als hehres Ziel vor, Sklaven zu befreien und in ihre Heimat zurückkehren zu lassen. Doch auch wenn man Spartacus dies als Motivation zugestehen mag, so findet doch die Revolte wahrscheinlich auf dem Rücken der Zivilbevölkerung statt, die während der langen Märsche Opfer der Spartacus-Truppen werden – woher stammen zum Beispiel die Versorgungsgüter, die Verpflegung? Wird wirklich alles bezahlt, wie Quellen behaupten? Und wenn ja, woher stammt das Geld – nur von den geschlagenen Legionen? Zu Beginn des Berichts, als Spartacus sich mit den Gladiatorensklaven auf dem Vesuv verschanzt hat, ist bei den antiken Schriftstellern noch die Rede davon, dass umliegende Höfe überfallen und ausgebraubt werden. Mag sein, dass die Beute wirklich gerecht unter allen aufgeteilt worden ist, aber das macht Spartacus natürlich noch lange nicht zu einem antiken Robin Hood, denn dass er von den Reichen nimmt und den Armen gibt, so einfach kann man sich die Sache nicht machen. Diebstahl ist es allemal.

Außerdem wollen nicht alle, die mit Spartacus kämpfen, in ihre Heimat zurück. Die Spaltungen des immer größer werdenden Heeres sind unter anderem der Tatsache geschuldet, dass sich mittlerweile auch viele freigeborene Römer Spartacus angeschlossen haben. Diese möchten natürlich nicht mit einem Schiff in die Ferne segeln, sondern in Italien bleiben. So wirft denn auch das Vorhaben, gegen Rom zu ziehen, Fragen auf: Was versprechen die Anführer Castus und Gannicus sich davon? Wollen sie den Senat stürmen und einen Staatsstreich anzetteln?

In der modernen Rezeptionsgeschichte hat man sich meist dafür entschieden, Spartacus trotz all dieser offenen Fragen als Helden zu stilisieren. Am wichtigsten ist sicherlich der Roman *Spartacus* des Amerikaners Howard Fast von 1951, der neun Jahre später als Grundlage für Stanley Kubricks Film *Spartacus* dient. In Fasts Roman steht der Kampf für die Freiheit und gegen die Unterdrückung im Vordergrund – eines der wichtigsten amerikanischen Themen, gerade in der McCarthy-Ära, und Fast ist selbst von der „Hexenjagd" betroffen: Der Roman entsteht, als er wegen Kommunismus-Vorwürfen im Gefängnis sitzt. Kubricks spätere mit vier Oscars ausgezeichnete Verfilmung ist ein Meilenstein des Monumentalkinos, auch wenn sie zahlreiche historische Ungenauigkeiten aufweist (wie das Auftauchen Julius Caesars). Auch dass Spartacus am Ende am Kreuz stirbt, ist natürlich dem Ansinnen geschuldet, ein filmisch effektives Ende für den von Kirk Douglas dargestellten Sklavenführer zu schaffen. Immerhin kann man dem Film zugutehalten, dass er (anders als zum Beispiel Ridley Scotts *Gladiator*) für den Alltag in der Gladiatorenschule zu Beginn des Films „eine realistische und beklemmende Darstellung gefunden" hat (Junkelmann, 231).

Fünfzig Jahre nach *Spartacus* ist der Spartacus-Stoff nun erneut filmisch adaptiert worden, in der seit 2010 ausgestrahlten erfolgreichen US-Kabelfernsehserie *Spartacus* (Staffel 1: *Blood and Sand*, Staffel 2: *Vengeance*) Sie zeichnet sich vor allem durch explizite, filmtechnisch überhöhte Kampf- und Sexszenen aus. Interessanterweise liegt der Fokus dieser Serie aber auf Spartacus' (Andy Whitfield) frühen Jahren in Thrakien, seiner Gefangenname und seiner ersten Zeit als Gladiator, über die durch Quellen relativ wenig abgesichert ist – ein Fest für Drehbuchschreiber. *Spartacus: Blood and Sand* folgte 2011 eine als Prequel angelegte weitere Serie mit dem Titel *Spartacus: Gods of the Arena*, die in Capua spielt, bevor Spartacus dort eintrifft – mit dem Kelten Gannicus als Protagonisten. Hier taucht Spartacus nur noch im Titel der Serie auf. Die gesamte Geschichte der zweiten Serie ist Fiktion.

Machtmissbrauch in großem Stil: Verres (70 v. Chr.)

In seinem großartigen Roman *Imperium* von 2006 beschreibt Thomas Harris den Beginn von Ciceros Karriere. Auch wenn er weitgehend überlieferten Fakten folgt, so stellt er es doch fälschlicherweise so dar, als werde Cicero in Rom nicht durch den bereits geschilderten Fall des Sextus Roscius (s. S. 45 ff.) bekannt, sondern durch den, der nun beschrieben werden soll: den Prozess gegen den korrupten Statthalter Gaius Verres. Allerdings steckt darin auch wiederum ein Fünkchen Wahrheit – denn Ciceros *Reden gegen Verres* (*orationes in Verrem*), auch *Verrinen* genannt, sind eines der zentralen Werke der römischen Prosa; Generationen von Lateinschülern können ein Lied davon singen. Und der Fall selbst ist in seinem Kontext auch alles andere als unbedeutend.

Man kann sogar sagen, dass der Prozess gegen Verres geradezu beispielhaft aufzeigt, wie korrupt die Politik in den letzten Jahren der römischen Republik geworden ist. Auch wenn die Umstände, die zur Anklage Verres' führen, nur durch seinen Ankläger Cicero überliefert sind, so bleibt doch allein aufgrund der Berge an Beweisen und Zeugenaussagen wenig Zweifel, wie skrupellos Verres als Statthalter vorgegangen ist, um sich selbst zu bereichern.

Gaius Verres kommt etwa 115 v. Chr. zur Welt, als Sohn eines römischen Senators. Über den jungen Verres wissen wir wenig, doch vielleicht hat ihn bereits früh ein Interesse für Bildende Kunst erfasst, wie es später auf geradezu erschreckende Weise zutage treten soll. Seinen ersten Posten erhält Gaius Verres 84 v. Chr. als Quästor, und vier Jahre später macht ihn Cornelius Dolabella, der sich als Statthalter an der kleinasiatischen Provinz Kilikien bereits selbst in erstaunlichem Maße persönlich bereichert hat, zum Legaten bzw. seiner rechten Hand. Vielleicht lernt er hier, bei Dolabella, sein „Handwerk" – auf jeden Fall sticht Verres vor allem dadurch hervor, dass er in Kilikien Statuen und Bilder aus den Tempeln entfernen und bei sich zu Hause aufstellen lässt.

Nun gibt es aber in Rom durchaus eine Behörde, die gegen Statthalter vorgeht, die sich allzu sehr an ihrer Provinz persönlich bereichern:

den sogenannten Gerichtshof für Repetundenprozesse (*actiones de repetundis*, zu Deutsch: „Prozesse betreffs zurückzufordernder [Gelder]"). Dieses Gericht ist 149 v. Chr. eingeführt worden, um die Bewohner der Provinzen des wachsenden Römischen Reiches vor ausbeuterischen Statthaltern zu schützen. Es ist ein vielbeschäftigtes Gericht, und das Besondere ist: Auch jemand, der kein römischer Bürger ist, kann hier klagen und ihm unrechtmäßig abgenommenes Geld zurückfordern (vgl. Gelzer, 30). Als Dolabella nach Rom zurückkehrt, wird er schließlich im Jahr 78 v. Chr. vor eben diesem Gerichtshof von Marcus Aemilius Scaurus angeklagt und verurteilt. Nicht jedoch Verres: dieser ist schlau genug, als Kronzeuge gegen seinen Dienstherren auszusagen und so selbst der Verurteilung zu entgehen. Dolabella wird ins Exil geschickt, Verres wird freigesprochen.

Aus den folgenden Jahren in Verres' Leben erfahren wir durch Cicero nur, dass er sich 74 v. Chr. zum *praetor urbanus* wählen lässt, wozu er 300 000 Sesterzen an Bestechungsgeldern aufbringt – die Korruption funktioniert eben in jede Richtung. Als Stadtprätor ist Verres für Zivilstreitigkeiten zwischen Bürgern zuständig. Wie schnell sich dabei seine investierten Sesterzen durch Bestechungsgelder wieder amortisieren, weiß natürlich niemand außer ihm selbst. Aber auch anderweitig bessert Verres seine Finanzen auf: Cicero erwähnt ein markantes Beispiel, die Reparatur des Tempels von Castor und Pollux auf dem Forum Romanum.

Die Reparatur des Tempels ist ein öffentliches Bauvorhaben, und Verres weiß: Wenn er hinterher Mängel feststellt, kann er die Baufirma erpressen, indem er droht, seine Unterschrift zur Bauabnahme vorzuenthalten. Sehr zu seinem Leidwesen muss er jedoch feststellen, dass die Firma sehr gute Arbeit abgeliefert hat; bei einer Begehung findet er keine Mängel. Erst einer seiner Untergebenen bringt ihn auf die Idee, zu behaupten dass die Säulen des Tempels nicht senkrecht seien (um überhaupt irgendwie ansetzen zu können). Verres lässt dies mit einem Senkblei überprüfen, was wohlgemerkt alles andere als üblich ist und auch vertraglich nicht festgelegt. Das Ergebnis ist entsprechend negativ, aber die ihm von der Baufirma angebotenen 200 000 Sesterzen Bestechungsgeld sind Verres zu wenig, und so vergibt er den Auftrag auf der Grundlage von Nichterfüllung an eine andere Firma, die nun die ursprünglichen Reparaturen nachbessern soll – für unglaubliche 560 000

Sesterzen; ein großer Teil dieses Geldes fließt dabei in Verres' eigene Tasche (vgl. von Hesberg, 210). Für die Differenz muss zudem der ursprüngliche Auftragnehmer aufkommen (zum Vergleich: der Tageslohn eines Arbeiters beträgt etwa 4–5 Sesterzen).

Die Ereignisse, die zum Prozess gegen Verres führen, spielen sich allerdings noch ein paar Jahre später ab, als Verres Statthalter auf Sizilien ist. Sizilien (die älteste römische Provinz) ist in zwei Verwaltungsbezirke aufgeteilt: den westlichen Distrikt von Lilybaeum und den östlichen von Syracus. Cicero selbst hat zu Sizilien ein ganz besonderes Verhältnis: 75 v. Chr. ist er selbst als Quästor im Bezirk Lilybaeum tätig; bei den Bürgern ist er überaus beliebt – ein wichtiger Aspekt im späteren Prozess, denn das Vertrauen der Bevölkerung erleichtert es ihm, mit deren Unterstützung gegen Verres vorzugehen.

Gaius Verres erhält als Proprätor durch Losverfahren zunächst nur für das Jahr 73 v. Chr. die Verwaltung über Sizilien; aufgrund der unsicheren politischen Lage in Süditalien und dem vorzeitigen Ableben eines designierten Nachfolgers darf er jedoch noch zwei weitere Jahre dort im Amt bleiben. So hat er (trotz zahlreicher Beschwerden) genug Zeit, um gegen eine ganze Reihe von Gesetzen zu verstoßen. Erpressung, Amtsmissbrauch, Misswirtschaft und Kunstraub – das sind die Eckpfeiler der späteren Anklage vorm Repetundengerichtshof.

Dass Gerichtsurteile bald ebenso käuflich sind wie Verwaltungsämter, spricht sich schnell herum. Aber Verres legt auch anderweitig eine ausgesprochene Fantasie an den Tag, wenn es darum geht, sich auf Kosten der Sizilier zu bereichern: So lässt er Testamente reicher Bürger anfechten, weil bestimmte nebensächliche Details nicht eingehalten worden seien (zum Beispiel seien bestimmte Statuen des Verstorbenen nicht in einer bestimmten Art und Weise aufgestellt worden) und veranlasst die zuständigen Richter, die Erben nicht nur zu enterben, sondern auch noch deren gesamtes Vermögen zu konfiszieren. Klar, dass Verres dafür sorgt, dass ein großer Teil der Gelder in seine eigene Tasche fließt.

Besonders übel aber sind die Änderungen in der Steuergesetzgebung, die Verres einführt und die vor allem die Landwirtschaft betreffen; als eine der Kornkammern Roms kommt Sizilien in diesem Bereich seit jeher große Bedeutung zu. Bislang müssen die sizilischen Bauern jährlich ein Zehntel (*decuma*) ihres Getreides, vor allem Weizen und Gerste, als Steuern abgeben. Dies läuft folgendermaßen ab: Der Bauer gibt an, wie groß sein Land ist und wie viel Getreide er ausgesät hat. Auf Grundlage dieser Angaben wird die *decuma* für einen gesamten Bezirk auf dem Markt versteigert und an den Höchstbietenden verkauft. Diesen Betrag schickt der Bieter nun nach Rom. Wenn schließlich die Ernte ins Haus steht, macht entweder der Bieter Gewinn (bei besonders guter Ernte) oder Rom (bei schlechter Ernte) – auf jeden Fall trägt derjenige das Risiko, der die *decuma* ersteigert.

Man kann sich gut vorstellen, dass Verres dieses System ein Dorn im Auge ist – hier bleibt wenig Spielraum, selbst einzuschreiten und Geld in die eigene Tasche zu scheffeln. Also erlässt er kurzerhand eine Verordnung, die besagt, dass seine Steuereintreiber selbst festlegen dürfen, in welcher Höhe die Steuern anzusetzen sind. Ein ganzes Steuersystem, das sich über viele Jahrzehnte gut bewährt hat, wird somit einfach über den Haufen geworfen. Wer sich weigert, zu zahlen, gegen den verhängen Verres' Richter eine vierfach so hohe Strafzahlung. Und auch auf Sonderfälle wird umgehend reagiert: Cicero beschreibt den Fall des Bauern Quintus Septicius. Er weigert sich, die neue Steuer zu zahlen, und da das Gesetz es vorsieht, dass er sein Getreide nicht fortschaffen darf, solange er seine Steuern nicht bezahlt, nimmt er in Kauf, dass es in der Tenne verdirbt. Umgehend wird ein neues Edikt erlassen, das bestimmt, dass Bauern ihr Getreide bis zu einem bestimmten Datum abliefern müssen – Septicius kann also auf einmal nur noch wählen, gegen welches Gesetz er verstoßen will (vgl. Cic. *Verr.* 2.3.36).

Kaum noch erwähnenswert scheint, dass fast alle sizilischen Bauern auf einmal im Schnitt das Dreifache dessen an Steuern zahlen, was sie bisher gewohnt sind. Viele verlassen ihre Höfe oder begehen sogar Selbstmord – Cicero sagt, in Agyrium zum Beispiel habe es zu Beginn der Herrschaft Verres' 250 Landwirte gegeben, an ihrem Ende nur noch 80 (vgl. Cic. *Verr.* 2.3.120). Auf der einst so ertragreichen Insel wird nun selbst für die Einwohner das Getreide knapp.

Ein weiterer zu erwähnender Punkt ist der Kunstraub. Verres, der schon lange vor allem die griechische Bildhauerkunst liebt, rafft alles, dessen er habhaft werden kann auf Sizilien, zusammen und verleibt es seiner eigenen Kunstsammlung ein. Er konfisziert das Eigentum von Einwohnern und Gastgeschenke ausländischer Würdenträger, ja er schreckt zum Entsetzen der Sizilier nicht einmal davor zurück, geheiligte Statuen aus Tempeln entfernen zu lassen (vgl. Krause 2004, 61). Für den Abtransport der vielen Statuen nach Rom am Ende seiner Amtszeit muss er eigens ein Schiff bauen lassen (natürlich auf Kosten der Steuerzahler).

Als sei dies alles noch nicht genug, ist Verres ein überaus grausamer Provinzherrscher. Ein Fall sticht unter Ciceros zahlreichen Schilderungen besonders hervor, der des Händlers Gaius Servilius, eines römischen Bürgers. Er hat es gewagt, den Statthalter und dessen Politik öffentlich zu kritisieren. Verres zerrt ihn aufgrund aus der Luft gegriffener Vorwürfe vor Gericht und will ihn zwingen, sich durch eine außergerichtliche Vereinbarung (*sponsio*) sozusagen freizukaufen. Als er sich weigert, wird Servilius von Verres' Liktoren, einer Art Leibwache, niedergeknüppelt. Servilius erliegt wenig später seinen Verletzungen. Cicero hierzu später im letzten Teil seiner zweiten Rede gegen Verres: „Wage, dies zu bestreiten, wenn du kannst. Niemanden gab es in Lilybaeum, der es nicht gesehen, niemanden in Sizilien, der nicht davon gehört hätte" (Cic. *Verr.* 2.5.140).

Verres ist wahrlich ein Tyrann, wie er im Buche steht – zum Beispiel in Platons *Staat* (*Politeia*); dort beschreibt der Philosoph die Eigenschaften des tyrannischen Herrschers ganz genau, und wenn es einen in Rom gibt, der dieses Buch gelesen hat, dann ist es Cicero (vgl. Dittelbach, 23 f.). Inzwischen hat es sich auch bis nach Rom herumgesprochen, wie schamlos Verres seine Provinz ausgebeutet hat – selbst für die Römer, die in dieser Hinsicht einiges gewohnt sind, hat der Fall Verres eine neue Qualität. Und es stellt sich eigentlich nur noch die Frage: Wer wird ihn vor den Repetundengerichtshof zerren? (vgl. Stroh, 24 f.)

Dass Cicero die Anklage übernimmt, hat mehrere Gründe: Zum einen ist er als Ankläger noch recht unerfahren und bisher vor allem als Verteidiger in Erscheinung getreten – im Sommer stehen die Wahlen zum Ädil an, und er möchte gerne seine Chancen ein wenig verbessern, indem er mehr ins Rampenlicht tritt. Und zum anderen tritt er gegen einen Verteidiger an, der es in sich hat: Quintus Hortensius Hortalus ist mit Abstand der beliebteste und berühmteste Redner des Römischen Reichs. Gegen diesen Mann einen Prozess zu gewinnen, hätte eine ganz besondere Bedeutung. Den Anhängern Verres' und seiner Verteidigung gelingt es zwar, den Prozessbeginn so weit hinauszuzögern, dass die Wahl zum Ädil bereits vorüber ist, als die Verhandlung beginnt, aber dies hat Cicero zum Glück nicht geschadet – er ist bereits gewählt worden und kann sich nun voll und ganz auf den Prozess konzentrieren (vgl. ebd., 25).

Aus der zweiten Rede Ciceros gegen Verres

Wenn irgendein König, wenn irgendein ausländischer Staat, wenn irgendeine andere Nation auf diese Weise gegen römische Bürger gehandelt hätte, würden wir dann nicht öffentlich Rache nehmen und ihnen den Krieg erklären? Könnten wir dann dieses Unrecht, diesen Frevel am römischen Namen ohne Rache und ohne Strafe einfach so hinnehmen? Was glaubt ihr, wie viele und große Kriege unsere Vorfahren auf sich genommen haben, weil es hieß, dass römischen Bürgern Unrecht wiederfahren war? Dass Schiffseigner aufgehalten oder Kaufleute beraubt worden waren?

Aber ich klage ja nicht darüber, dass jemand sie aufgehalten hat, und dass man sie beraubt hat, muss man, glaube ich, hinnehmen; ich prangere an, dass er dafür gesorgt hat, dass man Kaufleute, nachdem man ihnen ihre Schiffe, ihre Sklaven und ihre Ware wegnahm, in Fesseln gelegt hat, und dass römische Bürger in Fesseln getötet wurden.

Wenn ich dies bei den Skythen sagte und nicht vor so einer Menge römischer Bürger, nicht bei den auserlesensten Senatoren des Staates, nicht auf dem Forum des römischen Volkes – wenn ich also dort in dieser Weise über die grausamen Bestrafungen redete, die römischen Bürgern zugestoßen sind, so würde ich selbst die Barbaren zu Tränen rühren. Denn die Würde dieses Reiches ist so groß, so groß das Ansehen des römischen Namens bei allen Völkern, dass man eine solche Grausamkeit gegenüber unseren eigenen Bürgern niemandem zubilligen sollte.

Kann man sich vorstellen, dass es für dich noch irgendeine Rettung gibt, irgendeinen Zufluchtsort, wenn man dich dort inmitten der ernsten Mienen der Richter sieht, als wärst du in das Netz des hier so zahlreich anwesenden römischen Volkes eingewickelt?

Cic. Verr. 2.5.149–150

Cicero hat ganze Berge Beweismaterial gesammelt und eine Menge Zeugen um sich geschart, als im August 70 v. Chr. die Verhandlung beginnt. Und schon am dritten Tag zeigt seine Anklage Erfolg: Verres lässt sich krank melden und erscheint nicht mehr vor Gericht. Nach einer gesetzlich vorgeschriebenen Pause soll der Prozess Ende September fortgesetzt werden, doch Verres weiß, was die Stunde geschlagen hat: Er ist aus Rom geflüchtet und hat sich so quasi selbst mit dem Exil bestraft. In Massilia, dem heutigen Marseille, verbringt Verres die letzten 27 Jahre seines Lebens. Das Gericht spricht ihn in Abwesenheit schuldig (vgl. Shapiro, 166).

Es mag durchaus sein, dass Cicero enttäuscht darüber ist, dass das Verfahren gegen Verres so schnell zu Ende ist. Vielleicht möchte er auch einfach nicht, dass das akribisch zusammengesuchte Beweismaterial einfach so verlorengeht. Oder er will für die Nachwelt all das festhalten, was er in seiner ersten Gerichtsrede noch nicht im Detail hat schildern können – sozusagen als mahnendes Beispiel; denn Verres ist für Cicero mehr als nur eine Person, er steht für das gesamte von Korruption durchzogene System (vgl. Cowles, 191). Auf jeden Fall veröffentlicht Cicero seine zweite, ungleich längere *Rede gegen Verres* später in Buchform. Der sensationelle Erfolg, der ja auch ein Sieg gegen Hortalus, Roms Redner Nummer eins, ist, macht Cicero zur lebenden Legende und zu einem der beliebtesten Politiker Roms. Im Jahr 66 v. Chr. wird er zum Prätor gewählt und 63 v. Chr. zum Konsul.

Gescheiterter Putschversuch: Catilina (63 v. Chr.)

Auf den frischgebackenen Konsul Cicero wartet bald eine neue Herausforderung – und die größte Bewährungsprobe seiner politischen Laufbahn. Vom sogenannten Repetundengerichtshof, vor dem Statthalter angeklagt werden, die ihre Provinz über Gebühr ausgebeutet haben, ist bereits im Zusammenhang mit Verres die Rede gewesen (s. S. 66). Einer, der schon zwei Jahre zuvor dort auftreten muss, nach seiner Zeit als Statthalter der Provinz Africa, ist Lucius Sergius Catilina. Er stammt aus einer der altehrwürdigen römischen Familien, aber es ist schon etwas länger her, dass einem Mitglied der Sergier die Ehre zuteil geworden ist, das höchste römische Amt innezuhaben: das des Konsuls. Genauer gesagt, ist es über 300 Jahre her. Catilina will dies ändern, doch der Prozess 65 v. Chr. macht ihm einen Strich durch die Rechnung. Seine Anklage führt nämlich dazu, dass er nicht für das Amt kandidieren kann, obgleich er später (wahrscheinlich aufgrund umfangreicher Bestechung) freigesprochen wird.

Hans Georg Gundel charakterisiert Catilina treffend als „geprägt durch die Wirren und Probleme seiner Zeit, persönlich tapfer und ausdauernd, charakterlich voller Schwächen, beladen mit Schuld und oft finanziell verschuldet" (DKP, Bd. 1, Sp. 1084). Politisch tritt Catilina das erste Mal unter Sulla in Erscheinung, bei den Proskriptionen 82 v. Chr. (s. S. 54 f.). Es heißt, er habe zu dieser Zeit seinen eigenen Bruder getötet und ihn dann nachträglich in die Proskriptionslisten eintragen lassen (vgl. Christ 2002, 117). Somit ist davon auszugehen, dass Catilina und Cicero ohnehin politisch nicht gerade auf einer Wellenlänge sind – dass Cicero ursprünglich Catilinas Verteidigung im Repetundenprozess übernehmen will, um mit ihm eine politische Allianz zu formieren, es sich aber aus unbekannten Gründen später anders überlegt (vgl. Forsyth, 52), scheint daher umso erstaunlicher. Aber vielleicht hat dies damit zu tun, dass sich beide auch persönlich kennen – sie sind nämlich verschwägert: Catilina, nur zwei Jahre älter als Cicero, ist mit Gratidia verheiratet, einer Cousine von Ciceros Vater. Außerdem kennen sie sich eventuell aus ihrer Zeit beim Militär, denn beide haben 91 v. Chr. unter Pompeius Strabo, dem Vater von Pompeius Magnus, gedient (vgl. Shapiro, 164). Mag sein, dass Cicero erst aus familiären oder persönlichen Gründen seine Hilfe angeboten, sie aber aus politischen Gründen wieder zurückgezogen hat.

Catilina gilt als machtgierig und skrupellos; so sagt Cicero später aus, Catilina habe seine erste Frau umgebracht, um seine zweite zu heiraten – freilich ohne dafür belangt worden zu sein (vgl. ebd., 160). Skrupellosigkeit ist natürlich keine schlechte Voraussetzung für eine Karriere in der römischen Politik, doch die gewöhnliche Ochsentour reicht ihm nicht – zumal es ihm ein Jahr später, als er sich erneut als Kandidat für das Konsulat aufstellen lässt, schon wieder nicht gelingt: In der Abstimmung unterliegt er Cicero und Antonius. Im Jahr 63 v. Chr. versucht Catilina es zum letzten Mal, auch diesmal erhalten seine zwei Mitbewerber mehr Stimmen als er.

Manch anderer würde nun vielleicht die Flinte ins Korn werfen. Aber wer wirklich von krimineller Energie angetrieben ist, der überlegt sich in dieser Situation eine Alternative außerhalb des rechtlich Zulässigen. So ist es wohl vor allem dieses wiederholte Scheitern seines Bestrebens, Konsul zu werden, das Catilinas verbrecherische Pläne zu verhängnisvoller Blüte reifen lässt – zusammen mit seinen hohen Schulden, denn im Zuge des Staatsstreichs, den Catilina plant, soll es einen allgemeinen Schuldenerlass geben. Erleichterung der Bedingungen für Schuldner und Zinsbeschränkungen sind schon Catilinas Wahlkampfthema gewesen: Der einstmals so reiche Statthalter hat sich, wie es scheint, durch die Bestechungsgelder im Repetundenprozess ruiniert; damals geht der Witz um, Catilina sei so arm aus dem Gericht herausgekommen wie einige der Geschworenen hineingegangen seien (vgl. ebd., 163).

Natürlich braucht man für einen Staatsstreich Verbündete, und Catilina schart unzufriedene junge Aristokraten und eine Reihe verarmter alter Veteranen Sullas um sich, die ihm helfen sollen, den Putsch zu organisieren. Die außerhalb der Stadt versammelten Sulla-Veteranen sollen auf Rom marschieren, genau wie eine Armee aus Freischärlern um Catilinas engen Verbündeten Gaius Manlius, früher Zenturio unter Sulla. Der Zeitpunkt ist gut gewählt: Pompeius Magnus befindet sich mit seinem großen Heer im Osten und kann der Verschwörer-

Armee nicht gefährlich werden. Am 27. Oktober 63 v. Chr. sollen schließlich die beiden Heereszüge Rom einnehmen, Brände legen und die Catilina feindlich gesonnenen Politiker ermorden.

Unterdessen erhält Cicero von einer Frau namens Fulvia eine geheime, besorgniserregende Nachricht: Fulvia ist die Geliebte eines der Mitverschwörer Catilinas, und ihr Liebhaber scheint ihr bestimmte Details verraten zu haben. Die Nachricht erreicht Cicero schon Mitte September, und er unterrichtet den Senat davon – der jedoch ist skeptisch und weigert sich, zu handeln. Erst als Cicero weitere Beweismittel vorlegen kann, unter anderem abgefangene Briefe von verschiedenen Komplizen Catilinas, wird man im Senat hellhörig. Es ist nur noch eine Woche bis zu dem Datum, das sich die Verschwörer für den Putsch ausgesucht haben. Berichte über die sich im römischen Umland versammelnden Truppen kommen hinzu, und nun beschließt der Senat, den Notstand auszurufen: das *senatus consultum ultimum* („äußerster Senatsbeschluss").

Es ist das fünfte Mal in der römischen Geschichte, dass dieser Senatsbeschluss ergeht, und er gibt den zwei Konsuln geradezu uneingeschränkte Vollmachten, die Gefahr, die dem Staat droht, abzuwenden. Der Staatsstreich kann so zunächst verhindert werden, auch wenn Manlius mit seinen Truppen sich gegen die Senatsarmee zur Wehr setzt. Catilina selbst ist in Rom, und er ist schlau genug, alle Verbindungen zu Manlius abzustreiten (vgl. Stroh, 36). Am 6. November trifft sich Catilina mit den verbleibenden Verschwörern, um einen Plan B zu besprechen: Er will nach Etrurien gehen, um weitere Truppen auszuheben, und dann in Rom einfallen. Die Mitverschwörer sollen zur selben Zeit an strategischen Punkten in der Stadt Brände legen und führende Staatsmänner in ihren Häusern ermorden lassen. Doch zunächst soll Cicero aus dem Weg geräumt werden: Er soll sterben, noch bevor Catilina Rom verlässt (vgl. Shapiro, 219). Danach will jener sich selbst zum Konsul erklären, für sich und seine Mitverschwörer eine Amnestie verkünden und alle seine politischen Feinde umbringen lassen – so wie er es von seinem „Lehrmeister" Sulla beinahe zwanzig Jahre zuvor gelernt hat.

Wieder gibt es eine undichte Stelle im Nest der Verschwörer, und wieder erfährt Cicero von dem Plan. Nur zwei Tage später, am 8. November, erscheint Catilina wie gewohnt im Senat, und Cicero empfängt ihn mit einer berühmt gewordenen Rede, in der er ihm alle seine Pläne detailliert vorträgt. Der überrumpelte Catilina wehrt sich nur zögerlich, und als er argwöhnt, Cicero wolle ihn bloß aus Rom vertreiben und ins Exil schicken, erwidert dieser: „Das Exil befehle ich dir nicht, ich rate es dir aber" (Cic. *Cat.* 1.12). Catilina ist schlau genug, zu wissen, was die Stunde geschlagen hat, und er flieht kurz darauf aus Rom. Am 15. November erklärt der Senat Catilina offiziell zum *hostis* (Staatsfeind).

Der Beginn von Ciceros berühmter Rede vor dem Senat am 8. November 63 v. Chr.

Wie lange, oh Catilina, willst du unsere Geduld denn noch missbrauchen? Wie lange wird deine Raserei uns denn noch verhöhnen? Wie lange wird sich deine zügellose Frechheit denn noch brüsten? Konnten dich denn weder die nächtliche Besetzung des Palatium beeindrucken noch die überall in der Stadt aufgestellten Wachen? Noch die Angst, die im Volk umgeht, und auch nicht, dass alle anständigen Leute zusammenstehen? Nicht einmal, wie befestigt dieser Ort der Senatsversammlung ist, und auch nicht der Gesichtsausdruck der hier anwesenden Männer? Merkst du denn nicht, dass deine Pläne aufgeflogen sind? Siehst du nicht, dass es jetzt, wo alle davon wissen, inzwischen unmöglich ist, deine Verschwörung noch auszuführen? Was glaubst du denn, wer von uns noch nicht weiß, was du letzte Nacht und die Nacht davor getrieben hast? Wo du warst, mit wem du dich getroffen und welche Pläne du ausgeheckt hast?
Was für Zeiten, was für Sitten! Der Senat weiß darum, der Konsul auch – und dennoch ist dieser Mensch noch am Leben! In der Tat, er lebt, und er erscheint sogar hier im Senat, nimmt an der öffentlichen Sitzung teil, er sieht sich um und dabei guckt er sich schon die aus, die er später ermorden lassen will. Aber wir, oh tapfere Männer, wir glauben, dass wir schon genug für den Staat getan haben, wenn wir uns gegen seiner Raserei Zorn wappnen und seinen Geschossen entgehen. Schon lange hätte man dich, Catilina, auf Befehl des Konsuls hinrichten sollen, und alle Verbrechen, die du gegen uns schon so lange planst, hätten auf deinen Kopf niedergehen sollen.

Cic. *Cat.* 1.1–2

Doch was ist mit den anderen Verschwörern? Zu diesem Zeitpunkt muss Cicero immer noch fürchten, dass Catilinas Spießgesellen einen weiteren Plan in der Hinterhand haben. Die Gelegenheit, in größerem Stil aufzuräumen, ergibt sich keine drei Wochen später. Die Verschwörer haben eine Gruppe Gallier vom Stamm der Allobroger (zwischen Rhône und Genfer See ansässig) in ihre Umsturzpläne mit einbezogen, und die in Rom weilende Gesandtschaft nimmt nun Kontakt mit Cicero auf. Als die Allobroger sich ihm offenbaren, kommt Cicero eine geniale Idee: Er lässt die Gallier sich erneut mit den verbleibenden Verschwörern treffen, um sich von diesen Briefe ausstellen zu lassen, von den Verschwörern unterschrieben, die ihnen bestätigten, welche Summen sie für ihre Beteiligung an dem noch immer nicht ganz aufgegebenen Staatsstreich erhalten werden. Der Plan geht auf: Zum Schein lässt Cicero die Gallier an der Milvischen Brücke festnehmen und nimmt ihnen die Briefe ab. Fünf hochrangige Römer sind die Urheber der Briefe, und diese werden umgehend vor den Senat zitiert. In ihrem und der Allobroger Beisein werden die Briefe geöffnet und verlesen – ein hieb- und stichfestes Beweismittel.

Was folgt, ist zwar in Anbetracht der Umstände nachvollziehbar, doch wünscht man sich im Nachhinein, Cicero hätte die Situation ein wenig mehr auf sich wirken lassen, um die Folgen seiner Handlungen besser abschätzen zu können. Aber immerhin haben die Verschwörer ihn ja umbringen wollen. Er selbst rechtfertigt den nun folgenden Schritt damit, dass er verhindern will, dass noch weitere Unruhen in der Stadt ausbrechen: Die Verschwörer sollen hingerichtet werden. Zwar verfügt er als Konsul immer noch über das *senatus consultum ultimum*, der Notstand ist noch nicht aufgehoben. Aber er will dennoch die Rückendeckung des Senats in der Frage, wie die Täter zu bestrafen sind. Denn auch im Falle eines Notstands kann der verantwortliche Konsul im Nachhinein für Fehlentscheidungen zur Verantwortung gezogen werden. Ciceros Hauptsorge zu diesem Zeitpunkt muss sein, dass zum Tode verurteilte römische Bürger dank eines anderen Gesetzes das Recht in Anspruch nehmen können, sich vor dem Volk zu rechtfertigen – genau das will Cicero aber, um des öffentlichen Friedens willen, verhindern (vgl. Stroh, 37 f.) .

Nun schlägt die große Stunde eines Mannes, der sich auf die Fahnen geschrieben hat, genau dieses Volk vor solchen Fehlurteilen zu bewahren und seine Rechte um jeden Preis durchzusetzen: Gaius Julius Caesar. Er spricht sich vor dem versammelten Senat dafür aus, die Täter lediglich bis ans Lebensende einzusperren – notfalls an fünf verschiedenen Orten, um etwaige Befreiungsaktionen zu erschweren. Falls der Senat die Männer aber zum Tode verurteile, ohne ihnen Gelegenheit zu geben, sich vor dem Volk zu rechtfertigen, werde dieses sich dafür rächen. Caesar ist nicht nur ein geschickter Demagoge, sondern auch ein guter Redner – Cicero merkt, dass die Stimmung im Senat zu kippen droht. So hält er in einer weiteren Rede dagegen, die Verschwörer seien als Staatsfeinde zu betrachten, sodass ihnen ihre Bürgerrechte nicht mehr zuerkannt werden dürften. Er schließt damit, dass er allein die Verantwortung für die Hinrichtung übernehme und alle Konsequenzen tragen werde. Nun können die Senatoren nicht mehr anders, die Hinrichtung der Konspiratoren wird beschlossen und wenige Stunden nach der Senatssitzung bereits in die Tat umgesetzt (vgl. ebd., 38 f.).

Im Anschluss lässt sich Cicero als Retter der Republik feiern, ganz und gar unbescheiden. Und doch mehren sich im folgenden Jahr die Stimmen, die sein Vorgehen im Fall Catilina kritisch betrachten; er wiederum versucht sich selbst aus der Schusslinie zu ziehen, indem er zum Beispiel einen weiteren der Mitverschwörung Verdächtigten vor Gericht verteidigt (!). Als aber das Gerücht aufkommt, dass dieser Mann Cicero viel Geld geliehen habe, mit dem dieser sich ein neues Haus gekauft habe, muss er sehen, dass seine Rechnung auch hier nicht aufgegangen ist. Vier Jahre später aber kommt es noch schlimmer: Ein Volkstribun namens Publius Clodius Pulcher, der Cicero alles andere als wohlgesonnen ist (s. S. 83), lässt ein neues Gesetz verabschieden, wodurch Cicero die Hinrichtung der Catilina-Verschwörer nun nachträglich doch noch zum Verhängnis wird. Durch das neue Gesetz verliert jeder, der ohne ordnungsgemäßen Richterspruch einem römischen Bürger das Leben nimmt, automatisch das Bürgerrecht. Cicero weiß genau: Das Gesetz ist von seinen politischen Feinden um Caesar initiiert worden und richtet sich ganz klar gegen ihn persönlich. Er ergreift die Flucht und geht nach Griechenland, um dem drohenden Exil zuvorzukommen.

Bleibt noch zu erwähnen, dass Catilina zwei Monate nach der aufgedeckten Verschwörung im Exil gestellt und getötet wird. Dabei ist in der Forschung heute mehr denn je umstritten, wie die Catilinarische

Verschwörung einzuschätzen ist. Gerade in den letzten zwanzig Jahren findet die Überzeugung immer mehr Anhänger, viele Einzelheiten seien in den Quellen übertrieben dargestellt und Cicero habe die Absichten der Verschwörer regelrecht aufgebauscht, um seine eigene Position zu stärken. Immerhin ist eine der zwei Hauptquellen zur Verschwörung das Corpus mit Ciceros *Reden gegen Catilina* (*orationes in Catilinam*) vor dem Senat. Eine weitere verdanken wir dem antiken Historiker Sallust. Sein Werk *Über die Catilinarische Verschwörung* (*de coniuratione Catilinae*) erscheint auf den ersten Blick objektiver als Ciceros Schilderung zu sein und beleuchtet Ciceros Taten durchaus kritisch, auch wenn er dessen Leistungen durchaus würdigt. Doch auch Sallusts Schrift ist tendenziös. Vor allem beklagt er, dass die Werte der Vorfahren mehr und mehr verschwinden und die Gesellschaft dem Untergang entgegensteuert – womit er zum Zeitpunkt, als er das Werk verfasst, ca. 41 v. Chr., gar nicht so Unrecht hat: Dass Catilina im gemeinen Volk viele Unterstützer hat, die ihn notfalls mit der Waffe in der Hand unterstützen würden, zeigt, wie verarmt und verzweifelt große Teile des römischen Volkes zum Zeitpunkt der Verschwörung schon sind (vgl. Shapiro, 204). Die Republik hat ihren Untergang noch einmal verzögert – abwenden lässt er sich nicht mehr, wie die nächsten zwanzig Jahre zeigen werden.

Im zweiten Band seiner Cicero-Trilogie, *Titan* (*Lustrum*, 2009) macht Robert Harris die Catilina-Verschwörung zum Mittelpunkt der Handlung. Dabei hält er sich weitgehend an die Fakten, die in diesem Fall aber auch ohne etwas hinzuzudichten spannend genug sind für einen Krimi. Und so hat Harris bereits eine Reihe Vorgänger, die die Catilina-Verschwörung in den Mittelpunkt historischer Romane gestellt haben, wie Henry W. Herbert (*The Roman Traitor. A True Tale of the Republic*, 1846), Paul L. Anderson (*Slave of Catiline*, 1930), Karl Kreisler (*Catilina. Roman eines Verschwörers*, 1936), John Maddox-Roberts (*SPQR II – The Catiline Conspiracy*, dt.: *Die Catilina-Verschwörung*, 1991), Steven Saylor (*Catilina's Riddle*, dt.: *Das Rätsel des Catilina*, 1993) und Christian Tielmann (*Die Zeitenläufer – Verschwörung im alten Rom*, 2007). Mal mit größerem, mal mit weniger großem Erfolg. An Harris' ausführliche Darstellung reicht jedoch keiner der anderen Romane heran.

Frevel in Frauenkleidern:
Clodius Pulcher (63 v. Chr.)

Die Vestalinnen, die *virgines Vestales*, sind im alten Rom eine der ältesten religiösen Institutionen. Sie sind Priesterinnen der Vesta, der Göttin des Herdfeuers – alleine daran erkannt man schon, dass ihr Kult zu den ältesten der Stadt zählt und bis in archaische Zeiten zurückdeutet, in eine Zeit noch vor der Gründung der Stadt Rom. Und ebenso archaisch ist auch ihre Bedeutung: Die Vestalinnen wachen über das ewige Feuer, das im Tempel der Vesta auf dem Forum Romanum brennt, und das Roms Fortbestand und Sicherheit symbolisiert – solange es nicht erlischt, geht es der Stadt und dem Reich gut. *Virgines* („Jungfrauen") sind sie deshalb, weil sie schon als junge Mädchen für den Dienst ausgewählt werden und ein heiliges Keuschheitsgelübde ablegen.

Jahr für Jahr begehen die Vestalinnen zusammen mit ein paar ausgewählten Damen der gehobenen römischen Gesellschaft ein rituelles Fest zu Ehren der Bona Dea, der „guten Göttin", einer Fruchtbarkeitsgottheit, die schon seit Jahrhunderten in Rom verehrt wird. Die bei dieser jährlichen Zusammenkunft zelebrierten Riten sind eines der am strengsten gehüteten Geheimnisse Roms. Männer (auch männliche Tiere) sind hier nicht zugelassen, selbst der Hausherr muss an diesem Abend, dem 4. Dezember, das Haus verlassen – denn begangen werden diese Riten in einem Privathaus eines hochgestellten und einflussreichen Römers. Oft feiert man im Haus des *pontifex maximus*, des obersten römischen Priesters (vgl. Reuter/Schiavone, 135).

Im Jahr 62 v. Chr., nach Ciceros Konsulat und der Niederschlagung der Catilina-Verschwörung, übt ein Mann das Amt des *pontifex maximus* aus (tatsächlich eher ein Amt von politischer als von religiöser Bedeutung), den wir bereits im Zusammenhang mit Catilina kennengelernt haben: Gaius Julius Caesar.

Er ist jedoch nicht die Hauptperson in dem Fall, der nun geschildert werden soll, sondern der 30-jährige Publius Clodius Pulcher („der Schöne"). Auch dieser Name ist im Zusammenhang mit Catilina bereits gefallen: Er wird später als Volkstribun das Gesetz einbringen, das Ciceros

Handlungen im Fall Catilina nachträglich zum Verhängnis werden soll (s. S. 77). Doch auch zu Caesar hat Clodius eine ganz besondere Verbindung. Mit Unterstützung Caesars wird Publius Clodius zweieinhalb Jahre nach dem Skandal seinen patrizischen Status aufgeben und sich von einem Plebejer adoptieren lassen – und zwar zu einem einzigen Zweck: sich zum Volkstribun wählen zu lassen, denn dazu muss man den Plebejern, dem gemeinen Volk, angehören (vgl. Canfora, 92). Als Volkstribun kann man die Stimmung der Menschen auf der Straße viel einfacher kontrollieren und manipulieren, und genau das will Caesar erreichen. Er braucht einen Handlanger, den er für seine Zwecke einsetzen kann und der das Volk Caesar gefügig macht, der darauf hinarbeitet, Rom unter seine Kontrolle zu bringen. Ohne das Volk geht das nicht.

Clodius ist für ihn also nicht mehr als ein Werkzeug, wenn auch ein höchst erfolgreiches. Schon seit er die politische Bühne betreten hat, nennt dieser Mann sich Clodius, auch wenn er eigentlich Claudius heißt, Sohn eines Konsuls ist und aus einer der berühmtesten römischen Adelsfamilien stammt – beziehungsweise gerade deshalb: Clodius ist die plebejische Form des Namens. Als Opportunist und Demagoge ist ihm jedes Mittel recht, um schließlich den Posten zu erreichen, auf den er in seiner Karriere hinarbeitet. Die Forschung charakterisiert Clodius treffend als „Prototyp des prinzipienlosen Agitators, ein Schmarotzer, hervorgegangen aus dem Verfall des sozialen Kampfes in der Reichshauptstadt" (ebd.). Und noch eine weitere Charaktereigenschaft zeichnet Clodius aus: Neugier. Anders kann man sich nicht erklären, dass es gerade dieser politisch so ambitionierte Mann ist, der einen der größten Skandale seiner Zeit auslöst.

Wir sind also wieder zurück im Jahr 62 v. Chr., am Abend des 4. Dezember. Da Caesar das Haus der Tradition gemäß verlassen muss, ist es an seiner Frau Pompeia, die weiblichen Gäste und die Vestalinnen einzuladen und den traditionellen Abend, bei dem man bis heute nicht genau weiß, was dort jedes Jahr stattfindet, auszurichten. Pompeia ist eine Enkelin des Diktators Sulla, und Caesar hat sie drei Jahre zuvor geheiratet – vornehmlich deshalb, weil sie ein riesiges Vermögen mit in die Ehe gebracht hat, und das hat Caesar geholfen, seine politische Karriere auf den Weg zu bringen.

Die Frauen treffen ein, und als man vollzählig ist, beginnen die rituellen Handlungen. Doch auf einmal machen die Frauen eine schreckliche Entdeckung: Unter ihnen befindet sich ein Mann! Er hat sich in Frauenkleider gehüllt und sich so eingeschlichen – ein unvorstellbares Sakrileg. Es kommt zum Tumult, aber dem Eindringling gelingt es, aus dem Haus Caesars zu fliehen, mit Hilfe einer Sklavin (vgl. Cic. Att. 1.12.3). Wer genau es war, hat niemand erkannt; wahrscheinlich sind die Frauen beim Ritus verschleiert, anders kann man sich kaum erklären, dass es einem verkleideten Mann gelungen ist, sich Zutritt zu verschaffen. Doch es dauert nicht lang, da macht das Gerücht die Runde, der Mann sei Publius Clodius gewesen, der hinlänglich für seine derben Scherze bekannt ist.

Allerdings ist das Ganze zu diesem Zeitpunkt für viele Römer nicht mehr als eine amüsante Tratschgeschichte; unter anderem erzählt man sich, Clodius habe eine Affäre mit Caesars Frau und sei nur dort eingedrungen, um sie zu treffen. Außerdem haben die Vestalinnen nach der Flucht des Mannes das Opfer wiederholt, und auch im Nachhinein sind keine Anzeichen dafür beobachtet worden, dass das Ganze negative Folgen gehabt hat. Rein juristisch ist es ohnehin schwierig, den Übeltäter zur Rechenschaft zu ziehen: Im religiösen Bereich gibt es lediglich zwei Verbrechen, die strafrechtlich verfolgt werden – *sacrilegium*, den Diebstahl von Gegenständen, die mit religiösen Handlungen in Verbindung stehen, und *incestum*, in diesem Fall wäre das eine Handlung, die zum Bruch des Keuschheitsgelübdes einer Vestalin führt. Beides ist nicht geschehen, und Caesar, der zumindest noch wegen Hausfriedensbruch klagen könnte, verzichtet auf eine Anzeige (vgl. Reuter/Schiavone, 136).

Zu einem Politikum wird der Skandal erst, als ein Mann namens Cornificius im Senat auf die (potenzielle) Tragweite der Geschehnisse hinweist. Immerhin gilt das Bona-Dea-Ritual dem Wohlergehen des gesamten römischen Imperiums. Der Senat übergibt die Sache den *pontifices*, und die beschließen, dass das Eindringen in die Zeremonie der Bona Dea als *incestum* anzusehen ist. Dies ist die Beschuldigung, wegen der Publius Clodius sich schließlich 61 v. Chr. vor Gericht wiederfindet, vor einem eigens dafür eingerichteten Tribunal. Um das Ganze rechtlich wasserdicht zu machen, hat der Senat noch schnell ein Gesetz erlassen, das eine solche Störung der vestalischen Kulthandlungen als *incestum* definiert (vgl. ebd.). Man muss also feststellen: Juristisch gesehen hat Clodius keine zum Zeitpunkt ihrer Ausführung strafbare

Handlung begangen. Dennoch ist der Vorfall so unerhört, dass der Senat das Ganze unmöglich einfach so hinnehmen kann.

Seneca über den Clodius-Prozess

Sollte einer glauben, dass bei dem Prozess, in welchem Publius Clodius angeklagt war, mit Caesars Gattin im Heiligtum Ehebruch begangen und dabei die Opferhandlung verletzt zu haben, die, wie es heißt, „für das Volk" getan wird und bei der die Anwesenheit von Männern dermaßen streng verboten ist, dass sogar Bilder, auf denen männliche Tiere zu sehen sind, abgedeckt werden – dass bei diesem Prozess also Geld mit im Spiel war? Ganz recht, den Richtern wurde Geld gegeben, und obendrein – was noch schandhafter ist – ließ er sie anstelle von Geld auch mit verheirateten Frauen und adligen Jünglingen schlafen.
Der Freispruch war hier ein noch größeres Verbrechen als die Tat selbst: Der des Ehebruchs Angeklagte verteilte Ehebrüche, und er war sich nicht eher sicher, freigesprochen zu werden, bevor er seine Richter sich gleichgemacht hatte. Und das Ganze im selben Gericht, in dem Cato seine Zeugenaussage gemacht hatte. Ich will die Worte Ciceros wiedergeben, denn die Sache ist eigentlich nicht zu glauben: „Er rief sie zu sich, machte Versprechungen, verbürgte sich, verteilte Geschenke. Tatsächlich (oh gute Götter, welch Frevel!) gab es für einige Richter als Kaufpreis auch noch Nächte mit gewissen Ehefrauen und adligen Jünglingen."
Über den Preis wurde nicht gefeilscht, die Zugaben waren wertvoller. „Du willst die Frau jenes strengen Herrn dort? Die hole ich dir. Du willst die von dem Reichen dort? Ich verschaffe dir einen Beischlaf. Wenn du dann mit ihr keinen Ehebruch begehest, verurteile mich! Die Schöne, die du haben willst, wird zu dir kommen. Ich verspreche dir eine Nacht mit ihr, du musst nicht einmal warten; bevor das Gericht nach der Vertagung wieder zusammentritt, wird sich mein Versprechen erfüllt haben." Ehebrüche zu arrangieren ist wahrlich schlimmer als sie zu begehen.

Sen. *ep.* 97.2–5

Ist Clodius nun schuldig oder nicht? Auch wenn es keine hieb- und stichfesten Beweise für seine Schuld gibt, so kann man doch kaum daran zweifeln: Abgesehen davon, dass überhaupt niemand anderem dieses Verbrechen zur Last gelegt wird, finden wir die erste schriftliche Spur des Skandals in einem Brief von Cicero an Atticus (*Att.* 1.12). Darin berichtet er seinem Freund von Clodius' Vergehen, ohne Anzeichen für irgendwelche Zweifel – und das zu einem Zeitpunkt, als der Skandal überhaupt noch keine politische Bedeutung hat. Darüber hinaus gelingt es Cicero, der im Prozess als prominentester Zeuge geladen ist, zu beweisen, dass Clodius' Alibi falsch ist (vgl. Tatum, 64 f.).

Dass Clodius schließlich doch freigesprochen wird, liegt mit Sicherheit an den reichlichen Bestechungsgeldern (vgl. Reuter/Schiavone, 136; Tatum, 76). Vielleicht ist es sogar wahr, was zur Zeit des Prozesses die Runde macht und wovon Seneca noch ein Jahrhundert später erzählt: dass Clodius zusätzlich zur finanziellen „Unterstützung" der Richter ihnen adlige Frauen und Jünglinge zum Beischlaf vermittelt.

Wie dem auch sei: Clodius' Karriere hat der Skandal nicht geschadet. 59 v. Chr. wird er Volkstribun, zwei Jahre später curuleischer Ädil. Caesar nimmt den Prozess zum Anlass, sich von seiner Frau scheiden zu lassen, die ohnehin nicht den besten Ruf genießt – auch wenn es sich im Grunde nicht bestätigt hat, dass sie ihm tatsächlich im Laufe der skandalösen Vorkommnisse untreu gewesen ist (vgl. Edwards, 54). Die wichtigste Folge dieses ganzen Skandals ist aber sicherlich, dass Cicero sich in Clodius einen Feind geschaffen hat, dessen Bedeutung er zu diesem Zeitpunkt sicherlich noch unterschätzt – der aber schließlich mitverantwortlich dafür sein wird, dass Cicero seinen Einfluss auf die römische Republik einbüßt, was sich als höchst folgenreich für die römische Geschichte erweisen soll.

Wie schon die Catilina-Verschwörung hat John Maddox auch den Bona-Dea-Skandal zum Thema eines seiner Rom-Krimis gemacht: *The Sacrilege* (dt.: *Der Frevel des Clodius*, 1992). Natürlich begnügt sich Roberts hier nicht, allein den Clodius-Fall darzustellen, er wird sofort in Verbindung gebracht mit einer Reihe von Morden, die durch den fiktiven „Detektiv" Decius Caecilius Metellus aufgeklärt werden. Literarisch gehaltvoller ist Robert Musils Roman *Der Mann ohne Eigenschaften* (1930–43). Hier begegnet uns die „gute Göttin" der Vestalinnen wieder, im Namen einer Geliebten der Hauptfigur Ulrich: Sie heißt Bonadea und führt ein Doppelleben als Ehefrau eines angesehenen Mannes, die zugleich immer wieder und geradezu zwanghaft sexuelle Ausschweifungen sucht; eine interessante Rezeption der Gottheit, die ja, obgleich von zur Keuschheit verpflichteten Priesterinnen verehrt, heute vor allem durch den Clodius-Skandal bekannt ist.

Die Iden des März:
Caesar (44 v. Chr.)

„Auch du, Brutus" – dies ist eines der berühmtesten letzten Worte der Geschichte. Wir kennen es vor allem aus Shakespeares Drama *Julius Caesar*, wo der römische Diktator nach dem tödlichen Messerstich auf Lateinisch ruft: „*Et tu, Brute?*" (Akt 3, Szene 1). Auch wenn dieser Ausruf als letztes Wort wohl nicht historisch ist, so hat er doch Einzug in den allgemeinen Zitatenschatz gefunden, ebenso wie das Datum, an dem das Attentat auf Caesar geschah: die Iden des März, also der 15. März, des Jahres 44 v. Chr.

Ein politisches Attentat ist ein ebenso grausames Verbrechen wie jeder andere Mord, aber wenn es als Tyrannenmord gelten kann, so sieht das etwas anders aus: Zwar tut man sich heute (zumindest in Europa) meist schwer damit, die Ermordung eines Menschen wie Osama bin Laden öffentlich zu feiern – Mord bleibt Mord. Aber der Tyrannenmord wird doch im Allgemeinen als ethisch-moralisch vertretbare Handlungsweise akzeptiert. Nur: Wer definiert, was ein Tyrann ist?

Gaius Julius Caesar kommt 100 v. Chr. zur Welt. Er ist ein Aristokrat, dem eine in Rom beispiellose politische Karriere gelingt. In jungen Jahren studiert er Rhetorik beim berühmten Lehrer Apollonios Molon auf Rhodos, bei dem in den Jahren zuvor auch Cicero Unterricht genommen hat. Hier lernt er das Handwerkszeug, das ihn zu einem brillanten Populisten und erfolgreichen Politiker werden lässt. Nach dem Durchlaufen verschiedener Ämter (Quästor, Ädil, Pontifex, Prätor) und mehrerer gezielt eingegangener Ehen, die seinen Einfluss noch vergrößern, wird Caesar 59 v. Chr. zum Konsul gewählt.

Der vor allem beim einfachen Volk beliebte Politiker vertritt die senatorische „Partei" der Popularen. Die Popularen sind keine Partei im heutigen Sinne, vielmehr bezeichnet man mit diesem Begriff eine politische Richtung der späten römischen Republik, die sich (auch entgegen der im Senat vorherrschenden Meinung) auf die römische Volksversammlung beruft – den plebejischen Arm der Legislative. Nun ist es aber keineswegs so, dass die Popularen dem gemeinen Volk angehören.

Es sind vor allem Mitglieder des Senatorenstands, viele sind Adlige. So auch Caesar: die *gens* der Julier ist eine der ältesten römischen Familien und beruft sich in ihrem Stammbaum darauf, direkt von Venus, der Göttin der Schönheit und Liebe, abzustammen (vgl. Jehne, 24). Auch wenn manche Gesetze, die die Popularen durchsetzen, den unteren Schichten durchaus zugutekommen, so muss man doch nach heutigem Forschungsstand davon ausgehen, dass es stets die Interessen der Politiker sind, die dabei im Vordergrund stehen – das Volk ist nur Mittel zum Zweck.

Die Gegenspieler der Popularen sind die Optimaten (wörtlich: „die Besten"), deren bekanntester Vertreter Cicero ist. Die Optimaten vertreten die angestammte Macht des Senats und berufen sich in der Regel auf den *mos maiorum*, den „Brauch der Vorfahren", der die politische Entscheidungsfähigkeit allein dem Senatorenstand zuerkennt – wie es seit Jahrhunderten praktiziert wird. Als eine Generation vor Caesars Geburt zum ersten Mal populare Politik gemacht wird, erschüttert dies ein ganzes politisches System (vgl. Alföldy, 70), auch wenn zu diesem Zeitpunkt noch niemand ahnen kann, dass 100 Jahre später durch den letzten popularen Politiker, Octavian, der Senat seine Macht vollständig einbüßen und die Republik einer monarchistischen Staatsform Platz machen wird.

Der Hang der Popularen, sich auf das Volk zu berufen und es gleichzeitig für seine Interessen auszunutzen, ist bei Caesar besonders ausgeprägt. Er ist ein brillanter Demagoge und scheint bei jedem Schritt in seiner Karriere genau zu wissen, wann er sich wessen bedienen muss, um seine Ziele zu erreichen – und mitunter eben auch der Plebejer (vgl. ebd., 29). Es verwundert also kaum, dass Caesars politische Ausrichtung und seine Methoden schon früh politische Gegner (wie zum Beispiel Cicero) auf den Plan rufen, die ihn für machtgierig und skrupellos halten. Sie sollen Recht behalten.

Nach seinem Konsulatsjahr lässt Caesar sich als Prokonsul nach Gallien schicken. Er weiß zu verbreiten, es sei zu einem Aufstand der dortigen Stämme gekommen, und er wolle für Ordnung sorgen. Und dies tut Caesar in großem Stil, und zwar in ganz Gallien. Mit seinem Heer erobert er zwischen 58 bis 50 v. Chr. Gallien und dringt dabei sogar bis nach Britannien vor, das er ebenfalls erobert. Der Gallische Krieg fordert nach modernen Schätzungen etwa eine Million Todesopfer auf gallischer Seite; außerdem werden eine weitere Million Gallier zu Sklaven gemacht (vgl. Krause 2007, 102). Auf der anderen Seite bedeutet die Kontrolle über diese große neue römische Provinz natürlich einen großen materiellen Gewinn: Caesar schickt so viel Gold nach Rom, dass der Goldpreis auf ein Viertel fällt (vgl. Jehne, 70). Dennoch gibt es bereits zu dieser Zeit Kritiker, die den Angriff auf Gallien für einen Fehler und für völkerrechtlich fragwürdig halten. Vor allem Marcus Porcius Cato tut sich im Senat immer wieder mit schweren Vorwürfen hervor (vgl. Canfora, 128).

Nachdem Gallien erobert ist, wächst im Senat zudem die Sorge darüber, was passieren wird, wenn Caesar nach Rom zurückkehrt. Wird er sich zum Alleinherrscher Roms machen und den Senat entmachten, notfalls mit Waffengewalt? Genügend ihm willenlos ergebene Soldaten hat er dafür, und das weiß der Senat. Eilends verabschiedet man mit großer Mehrheit ein Gesetz, das Caesar, der schon auf der Rückkehr aus Gallien ist, dazu verpflichtet, den Oberbefehl über seine Truppen abzulegen, bevor er nach Italien zurückkehrt. Drei Tage später überquert Caesar mit 5000 Soldaten (seiner berühmten 13. Legion) den Fluss Rubikon, einen norditalischen Grenzfluss zu Gallien, wobei er angeblich die Worte spricht: „Der Würfel ist gefallen!" – ihm ist durchaus bewusst, dass er mit der Überquerung des Rubikon auch politisch eine Grenze überschritten hat und Gefahr läuft, einen Bürgerkrieg zu provozieren. Und genau dies tut er.

Pompeius Magnus, ehedem Caesars wichtigster Verbündeter in Rom, hat in der Zeit von Caesars Abwesenheit immer mehr an Einfluss verloren und sich, um sein letztes bisschen Macht zu halten, den konservativen Optimaten zugewandt, die Caesar feindlich gesonnen sind. So kommt es schließlich zum Bruch zwischen den beiden Politikern und Feldherrn. Kurz bevor Caesar mit seinen Truppen Rom erreicht, flieht Pompeius mit einigen anderen Senatoren aus der Stadt und geht nach Griechenland. Es beginnt eine richtiggehende Verfolgungsjagd, an deren Ende Caesar Pompeius' Truppen am 9. August 48 v. Chr. in der Schlacht bei Pharsalos besiegt. Pompeius selbst flieht nach Ägypten, aber selbst dorthin fährt Caesar ihm nach, und in Ägypten liefert man ihm Pompeius aus – beziehungsweise man überreicht ihm seinen Kopf (!). *In absentio* lässt sich Caesar in Rom zum „Diktator für zehn Jahre" ernennen. Viele einflussreiche Römer sind entsetzt, so zum Beispiel Cicero, der in mehreren Briefen an seinen Freund Atticus seine Bestürzung deutlich macht. Caesar wiederum schreibt Cicero, um dessen Einfluss er weiß, schmeichelnde Briefe und will sich seiner Unterstützung versichern (vgl. Canfora, 281). Doch eigentlich passiert durch die Ernennung zum Diktator nichts weiter, als dass Caesars Status, den er de facto in Rom ohnehin innehat, auf eine legitime Grundlage gestellt wird.

Der Bürgerkrieg geht weiter. In zwei letzten Schlachten, der Schlacht bei Thapsus (im heutigen Tunesien) und der Schlacht von Munda (in Spanien) schlägt Caesar 46/45 v. Chr. noch seine letzten politischen Feinde und deren Truppen, darunter Pompeius' Söhne und auch Cato. Als Caesar endlich dauerhaft nach Rom zurückkehrt, lässt er sich vom Senat im Februar 44 v. Chr. den Titel „Diktator auf Lebenszeit" (*dictator perpetuus*) verleihen. Dabei hat er ja eigentlich ohnehin noch weitere acht Jahre den ihm zuerst verliehenen Alleinherrschertitel inne. Der einzige Sinn und Zweck dieser Maßnahme kann also nur sein, seinen politischen Gegnern unmissverständlich klarzumachen, dass seine Herrschaft kein vorübergehender Zustand ist, sondern ein überaus dauerhafter (vgl. Jehne, 114), auch wenn er es öffentlich ablehnt, sich „König" zu nennen – das, so muss selbst Caesar klar sein, würde dann wohl doch zu weit gehen.

Der Titel „Diktator" erinnert natürlich auch noch zu Caesars Zeit an Cornelius Sullas Schreckensherrschaft über 40 Jahre zuvor (s. S. 54 f.); dennoch unterscheidet Caesar sich in einem wichtigen Punkt vom letzten römischen Diktator: Es gibt dieses Mal keine Proskriptionslisten, es werden also keine unliebsamen Bürger für vogelfrei erklärt und abgeschlachtet (vgl. Canfora, 158). Das Blut fließt diesmal nicht in den Straßen Roms, sondern auf den Schlachtfeldern in Griechenland, Afrika und Spanien. Caesar verfolgt ausschließlich die, die ihm bei der Verfolgung seiner politischen Ziele in Rom stören würden – er sucht von vornherein einen Weg aus der ‚Krise', auch wenn er sie selbst heraufbeschworen hat.

Trotzdem gibt es mehr und mehr Senatoren, die wie Cicero erkennen, dass Caesar trotz aller republikanischer Fassade aus Rom eine Art neue Monarchie machen will – oder wie Martin Jehne es markant formuliert: „Der römische Staat bestand in den Jahren 49–44 hauptsächlich aus Caesar" (Jehne, 101). Sueton gibt in seiner Caesar-Biographie wieder, was Caesar selbst von der Republik hält: „Nicht weniger anstößig als seine Taten waren seine Worte, die er […] öffentlich hören ließ: Die Republik sei ein Nichts, nur ein Wort, ein Körper ohne Gesicht. Sulla sei ein politischer Analphabet gewesen, dass er die Diktatur niedergelegt habe. Die Menschen müssten mit ihm mit mehr Bedacht reden und das, was er sage, für Gesetz halten" (Suet. *Iul.* 77). Ob Caesar dies tatsächlich gesagt hat, sei dahingestellt – bezeichnend könnte es aber durchaus sein für die Sicht vieler Zeitgenossen auf diesen Mann, der nun nicht nur fast uneingeschränkte politische Macht besitzt, sondern sie auch benutzt. Allerdings scheint Caesar kein umfassendes Programm zur Neuordnung des Staates zu haben; die Maßnahmen, die er in den wenigen Monaten als „ewiger Diktator" umsetzt, dienen vor allem dazu, seine eigenen Anhänger (so seine Heeresveteranen und die alten Popularen) zufriedenzustellen, die er mit Land oder Ämtern versorgt. Besonders verdiente Veteranen macht Caesar sogar zu Senatoren und vergrößert so den Senat von 600 auf 900 Mitglieder (vgl. Alföldy, 80).

Außerdem söhnt er sich demonstrativ mit noch verbleibenden politischen Feinden aus (vgl. Bringmann, 55). Die Skepsis jedoch bleibt, und bald bildet sich um Marcus Junius Brutus und Cassius Longinus eine republikanisch gesinnte Gruppe von Senatoren und Mitgliedern des Ritterstands, die gegen Caesar konspiriert. Brutus hat seine Karriere unter den Fittichen des Cato begonnen und ist zunächst ein glühender Gegner Caesars gewesen; ebenso Brutus' Schwager, Cassius Longinus. Beide haben in der Schlacht bei Pharsalos an Pompeius' Seite gegen den baldigen Diktator gekämpft. Doch zurück in Rom haben sie Caesar um Gnade gebeten, und sie ist ihnen gewährt worden. Brutus ist sogar zu einem der engeren Vertrauten Caesars geworden, der ihn 48 v. Chr. zum Statthalter von Gallien gemacht hat, und Cassius Longinus hat er als Legat eingesetzt.

Die alte Feindschaft gegen Caesar erweist sich aber bald als stärker als die neue Freundschaft. Brutus und Longinus finden mehr und mehr Gleichgesinnte, die der festen Überzeugung sind: Nur der Tod des Alleinherrschers kann die Republik noch retten. Ein ebenso wichtiger Faktor ist jedoch, dass die alte Senatsaristokratie sich ihrer Macht beraubt sieht – der Senatorenstand sieht sich selbst als traditionelle treibende Kraft in der Vergrößerung Roms zum Weltreich in den vergangenen drei Jahrhunderten; nun sollen die Senatoren auf einmal nicht mehr sein als Marionetten eines Diktators? Nein, mit Sicherheit wollen die „Häupter nicht Diener werden, sondern Herren bleiben" (Dahlheim 1997, 153). So sind es eben auch ganz persönliche Interessen von Menschen, die ebenfalls nach Macht streben, die die konspirativen Kräfte befeuern.

An die 60 Personen sind in die Attentatspläne eingeweiht, als der 15. März 44 v. Chr. kommt. Es ist fast ein Wunder, dass über die Pläne noch nichts nach außen gedrungen ist. Doch noch ist etwas Zeit, als Brutus und die anderen Verschwörer sich, mit Dolchen bewaffnet, in Richtung Pompeius-Theater aufmachen, wo der Senat tagt. Brutus bricht von zu Hause auf, die anderen haben sich bei Cassius Longinus versammelt und gehen geschlossen zum Senat.

Caesar ist ein wenig spät dran. Erinnert er sich jetzt an die Worte des Sehers Spurinna, der Caesar einige Zeit vorher angeblich gewarnt hat, er solle sich vor den Iden des März hüten? Sicherlich ist diese Angabe zu vage, um einen Mann wie Caesar ernsthaft zu beeindrucken. Und so verlässt er schließlich das Haus, um zur Senatssitzung zu gehen. Unterdessen taucht in Caesars Haus ein fremder Sklave auf, der dem Hausherren etwas sagen will, doch Caesar ist bereits fort – dieser Sklave ist nur eine von mehreren Personen, die dem Diktator an diesem Vormittag vergeblich etwas sagen wollen (vgl. Canfora, 319).

Die Senatssitzung beginnt zunächst ganz normal, bis schließlich ein Senator namens Tillius Cimber auf Caesar zugeht sich ihm vor die Füße wirft; sein Bruder ist verbannt worden, und er möchte um Gnade für ihn bitten. Die anderen Verschwörer unterstützen sein Gesuch lautstark und mit großen Gesten. Da reißt Cimber Caesar die Toga herunter – das ist das verabredete Zeichen (vgl. ebd., 322). Die Dolche werden gezückt; Senator Casca führt den ersten Stich aus, dann folgen die anderen. Mit 23 Dolchstößen wird Caesar ermordet. Die übrigen Senatoren werden vom Geschehen vollkommen überrascht. Niemand eilt Caesar zu Hilfe, die meisten suchen schnell das Weite.

Es ist also vollbracht – der Tyrann ist tot. Cicero schreibt später in einem Brief über die „Freude, die meine Augen erfasste beim gerechten Tod des Tyrannen" (*Att.* 14.14.4). Oder, um noch einmal mit Shakespeare zu sprechen: „Liberty! Freedom! Tyranny is dead! Run hence, proclaim, cry it about the streets!" Doch was nun? Der Kardinalfehler der Attentäter ist, dass sie (anders als zum Beispiel die Attentäter vom 20. Juli 1944) für die Zeit nach der Ermordung des Tyrannen keinerlei konkrete Pläne gemacht haben. Direkt nach der Tat geht Brutus, den blutigen Dolch noch in der Hand, aufs Forum und ruft: „Cicero!" Kein anderer Name kann im gleichen Maße für einen Wiederaufbau der geschundenen Republik stehen – auch wenn Cicero gar nicht zum Kreis der Attentäter zählt.

Aus Suetons Caesar-Biographie

Eines schien für fast alle festzustehen: dass Caesar ein solcher Tod fast willkommen gewesen sein muss. Denn als er einmal bei *Xenophon* las, wie Kyros in den letzten Tagen seiner Krankheit Anweisungen bezüglich seines eigenen Begräbnisses gegeben hatte, da machte er klar, dass er nicht so langsam dahinsterben wolle, sondern sich einen schnellen Tod wünschte; und als er am Tag vor dem Attentat bei Marcus Lepidus eingeladen war, da unterhielt man sich beim Essen darüber, welches wohl der angenehmste Tod sei, und er sagte, er würde einen vorziehen, der schnell und unerwartet geschehe.

Er starb im fünfundsechzigsten Lebensjahr, und dass er in die Zahl der Götter aufgenommen wurde, geschah es nicht nur durch den Mund derer, die dies beschlossen, sondern gemäß dem Wunsch des Volkes. Denn während der Spiele, die sein Erbe Augustus gleich nach der Vergöttlichung initiierte, da erstrahlte am Himmel sieben Tage lang ein Komet, der jeweils um die elfte Stunde erschien, und man glaubte, dies sei die Seele Caesars, der in den Himmel aufgenommen worden sei; und aus diesem Grund fügt man bei Standbildern Caesars am Scheitel einen Stern hinzu. Es wurde beschlossen, die Kurie, wo er ermordet worden war, zu verschließen und die Iden des März fortan „Tag des Vatermords" zu nennen, und an diesem Tag sollten nie wieder Senatsversammlungen stattfinden.

Von seinen Mördern aber überlebte ihn kaum einer mehr als drei Jahre, und sie fanden kein natürliches Ende. Alle wurden verdammt, und jeder starb auf eine andere Weise – die einen bei einem Schiffsunglück, andere in der Schlacht; einige nahmen sich selbst mit eben jenem Dolch, mit dem sie Caesar verletzt hatten, das Leben.

Suet. *Iul.* 87–89

Die folgenden Monate sind geprägt von der Auseinandersetzung zwischen Cicero und Marcus Antonius, der so etwas wie Caesars Kronprinz ist. Immerhin gewährt der Senat für alle Verschwörer eine sofortige Amnestie, aber schon bald verkehrt sich die öffentliche Meinung ins Gegenteil: die Caesar-Mörder werden von Octavian, dem Adoptivsohn und Erben Caesars, und Konsul Marcus Antonius per Gesetz geächtet. Sie begehen in der Folgezeit Selbstmord oder werden nach und nach umgebracht – Brutus, Cassius Longinus, Cicero und die vielen anderen. Julius Caesar aber wird per Senatsbeschluss in den Rang eines Gottes erhoben – als *divus Iulius*. So schnell dreht sich das Rad der Geschichte.

Was also bleibt vom Attentat? Tatsache ist, dass Caesar durch seine Alleinherrschaft, die nach seinem Tod und weiteren Jahren des Bürgerkriegs schließlich auf seinen Erben Octavian (später: Augustus) überging, die Republik abschafft. Das von Augustus begründete Prinzipat läutet die römische Kaiserzeit ein; es ist eine neue Zeit der Stabilität, aber diese Stabilität gründet – auch wenn die römische Republik natürlich meilenweit von einer modernen Demokratie entfernt ist – auf der weitgehenden Entmachtung der gewählten Vertreter des römischen Volkes. Der Tyrannenmord ist in diesem Fall also leider vergebens. Und diskutabel ist zumindest, ob man den Mord an Caesar tatsächlich als Tyrannenmord ansehen kann – immerhin stehen für viele der Verschwörer persönliche Beweggründe, sei es Rache oder das Gefühl des Machtverlusts, im Vordergrund, vor einem wie auch immer gearteten Gemeinwohl.

Natürlich haben viele Künstler versucht, die Ermordung Caesars im Bild festzuhalten. Carl Theodor von Pilotys Historiengemälde *Cäsars Ermordung* von 1865 (heute im Niedersächsischen Landesmuseum Braunschweig) ist eine der besten Darstellungen. Sie zeigt Caesar im Mittelpunkt, in eine (unhistorische) rote Toga gekleidet, umgeben von den Senatoren, die zwar teilweise vor ihm knien (wie Tillius Cimber, der ihm sein Gnadengesuch hier offenbar als Bittschrift überreicht), ihn aber gleichzeitig zu bedrängen scheinen, denn Caesar lehnt sich auf seiner Bank zurück und hebt mit ernster Miene den rechten Arm zu einer abwehrenden Geste. Man muss schon genau hinsehen, um hinter ihm, im Halbdunkel, seinen Mörder zu entdecken, der bereits den Dolch in der Luft schwingt und zum Stich ausholt. Der Tod ist greifbar und nur Sekunden entfernt – eine Darstellung, die den Betrachter erschaudern und atemlos die Spannung der Szene erfassen lässt. Dass alle anderen der etwa 20 im Bild zu sehenden Personen eine rein weiße oder hellgraue Toga tragen, unterstreicht zugleich die Bildkomposition und trennt den Diktator mit seinem roten Gewand bereits rein visuell von den Senatoren; ein zusätzlicher Kunstgriff, der die Motivation der Attentäter optisch herauszustellen scheint. Hier ist einer nicht, wie die Republik es vorsah, als *primus inter pares*, hier sitzt ein Tyrann.

Verbannung der eigenen Tochter: Augustus (2 n. Chr.)

Augustus, der erste Kaiser Roms, ist eine der am schwierigsten zu bewertenden Persönlichkeiten der römischen Geschichte. Er ist ein politisch ehrgeiziger Emporkömmling, der schon in jungen Jahren nicht davor zurückschreckt, seine Ziele um jeden Preis (und sei es das Leben Tausender) zu erreichen; zugleich bringt er dem Römischen Reich nach einer langen Zeit der Unruhen und des Blutvergießens (die mit Caesars Tod noch lange nicht zu Ende gewesen ist) einen dauerhaften Frieden, die *pax Augusta*, und eine neue Herrschaftsform, die den Status Roms als Herrscher der Welt auf Jahrhunderte sichern wird. Der Fall, der in diesem Kapitel zu behandeln ist, zeigt, dass Augustus selbst auf dem Höhepunkt seiner Macht nichts von den Eigenschaften verloren hat, die ihn in seine Position gebracht haben – er geht tatsächlich über Leichen, auch, wenn es um seine engste Familie geht.

Rom ist durch ein halbes Jahrhundert Bürgerkriege nicht nur äußerlich in Mitleidenschaft gezogen worden. Als Caesars Erbe Octavian 29 v. Chr. die Alleinherrschaft im Römischen Reich erringt und sich darauf vom Senat (der bald nur noch politische Staffage ist) den Ehrentitel Augustus – „Erhabener" – verleihen lässt, will er sich auch um den geistigen Zustand des Reiches kümmern. Eine Rückbesinnung auf die *mores maiorum*, die „Sitten der Vorfahren", ist sein Rezept, um wieder Ruhe und Ordnung in den Staat zu bringen.

Und das soll sich auch auf die privatesten Bereiche der Römer erstrecken: 18 v. Chr. führt Augustus eine Reihe von Sittengesetzen, die *leges Iuliae* („julische Gesetze") ein. Darin wird unter anderem erstmals in der römischen Geschichte der Ehebruch unter Strafe gestellt – für beide Beteiligten; außerdem gilt fortan eine Ehepflicht, und spätestens im 20. Lebensjahr soll jede Römerin Mutter sein. Dass Augustus selbst nicht immer nur auf dem Pfad der Tugend gewandelt ist (zum Beispiel hat er die Scheidung seiner Frau Livia von ihrem Mann forciert, um sie heiraten zu können), spielt keine Rolle mehr. Er hat sich und Rom, wie er meint, neu erfunden, und auf seinem Kreuzzug für alte Werte, Sitte und Moral macht er selbstverständlich auch vor seinem engsten Umfeld nicht halt.

Augustus' einziges Kind ist seine Tochter Julia aus erster Ehe, die 39 v. Chr. zur Welt gekommen ist. Julia wächst in einer häuslichen Umgebung auf, in der sich inzwischen alles um die Werte der „guten alten Zeit" dreht; man kann Augustus vieles vorwerfen, aber nicht, dass er das, was er predigt, nicht selbst lebt – bzw. von seiner Familie leben lässt. Julias Stiefmutter Livia tut ihr Möglichstes, um dem Bild der Matrone zu entsprechen, die vor allem ihre häuslichen Verpflichtungen erfüllt; beispielsweise ist überliefert, dass sie alle Kleider ihres Mannes selbst webt. Natürlich soll Julia so erzogen werden, dass sie diesen Werten ebenso eifrig entspricht wie Livia.

Aber als Julia heranwächst, zeigt sich immer mehr, dass sie ihren eigenen Kopf hat. Sie widerspricht und ist nicht so fügsam, wie Augustus sie gerne hätte; immerhin ist sie sein einziges Kind, und er muss sich Gedanken darüber machen, wer nach ihm Herrscher über das römische Imperium werde soll. So verheiratet er sie als 15-Jährige mit seinem Neffen Marcus Claudius Marcellus, der nur zwei Jahre älter als Julia ist und dem er viele Jahre vor dem eigentlich gesetzlich vorgesehen Alter den Beginn einer politischen Karriere ermöglicht (vgl. Eck 2003, 52). Kein Zweifel: Mit Marcellus soll Julia einen Sohn zeugen, den Augustus zu seinem Nachfolger als Herrscher Roms machen kann. Dass Julia mit Marcellus wenig anfangen kann, scheint Augustus wenig zu kümmern: Die Politik, die *gens*, Rom sind wichtiger als die Gefühle eines jungen Mädchens, auch wenn sie seine Tochter ist.

Die vorzeitige Nachfolgeregelung sorgt für Unruhe in der römischen Politik. Es ist noch nicht allzu lange her, dass Rom eine Republik war, und es gibt immer noch Kräfte im Senat (auch wenn dessen praktische Macht immer mehr schwindet), die hoffen, dass Augustus nur eine vorübergehende Erscheinung ist und die Republik nach ihm eine Renaissance erleben wird. Rom ist immerhin keine offizielle Monarchie – Augustus ist schlau genug, seine Herrschaft nach außen hin zu verschleiern, so durch das Fortbestehen von Senat und Konsuln (auch wenn Augustus selbst einen der zwei Konsulatsposten „abonniert" hat) oder dadurch, dass er sich Princeps nennen lässt – sozusagen „erster Bürger im Staat".

Nur allzu verständlich, dass Augustus' Vorhaben, seinen Titel und seine politische Funktion de facto wie einer der altrömischen Könige zu vererben, kaum auf Gegenliebe stößt. Er reagiert, indem er alles bestreitet und sogar anbietet, dem Senat öffentlich sein Testament zu verlesen – natürlich lehnt der Senat dies ab (vgl. Dahlheim 2010, 212). Und doch bleibt die Skepsis. Zu dieser Zeit kommt es zum ersten Mal zu einer Verschwörung gegen den Princeps, von Kräften, die die Republik wieder einrichten wollen, vielleicht sogar unter Führung des Varro Murena, Augustus' Konsulatskollege in diesem Jahr, 23 v. Chr. Die Verschwörung fliegt auf, die Beteiligten werden überführt und hingerichtet (vgl. Eck 2003, 53). Doch die Unruhe im Staat lässt sich so freilich nicht unterbinden.

Und sogar einer der engsten Vertrauten des Augustus, sein Weggefährte Marcus Vipsanius Agrippa, mit dem er seit der Jugend befreundet ist und der großen Anteil an seinem Aufstieg zum Herrscher Roms gehabt hat, fühlt sich entfremdet und übergangen (vgl. Vell. 2.93.1). Viele fürchten schon einen neuen Bürgerkrieg, als sich zwei Jahre später das Blatt auf einmal wendet: Marcellus stirbt überraschend an einer Krankheit. Sofort geht das Gerücht um, Livia habe für das Ableben ihres Schwiegersohns gesorgt und ihn vergiftet; wahrscheinlich wolle sie, so die Meinung vieler, dass einer ihrer Söhne (aus erster Ehe) Augustus einmal beerben wird anstatt sein leiblicher Enkel.

Doch statt einen seiner Schwiegersöhne als Erben und Nachfolger in Betracht zu ziehen, arrangiert Augustus schnell eine neue Ehe für Julia; gemäß seinen eigenen Ehegesetzen muss sie als Witwe im gebärfähigen Alter ohnehin wieder heiraten (vgl. Southern, 166). Diesmal fällt Augustus' Wahl auf seinen Freund Agrippa. Zu diesem Zeitpunkt, im Jahr 21 v. Chr., ist Julia 18 Jahre alt, Agrippa Mitte vierzig, ein Alter, in dem man in Rom schon fast als *senex*, als Greis, gilt. Natürlich hat Julia kein Mitspracherecht bei ihrer Vermählung, doch es scheint so, als könne sie sich mit Agrippa einigermaßen arrangieren, trotz des Altersunterschieds. Immerhin gebiert sie ihm binnen kurzer Zeit gleich zwei Söhne, Lucius und Gaius, die der begeisterte Kaiser sofort adoptiert.

Seine Tochter hat ihren Zweck für den Vater erfüllt; für Augustus ist nun alles klar: Sollte er selbst zu früh sterben, dann würde Agrippa die Staatsgeschäfte lenken, bis einer seiner Enkel alt genug wäre, sie zu übernehmen. Ein paar Jahre zuvor, als Augustus schwer erkrankt ist und die Ärzte schon fast die Hoffnung aufgegeben hatten, da ist Agrippa schon einmal eingesprungen und hat als Augustus' Stellvertreter fungiert. Doch der Princeps ist zum Glück wieder genesen (vgl. Dahlheim 2010, 352). Doch es kommt wieder alles ganz anders. Neun Jahre später stirbt Agrippa; Julia hat ihm inzwischen noch zwei Töchter und einen Sohn geboren. Augustus braucht wieder einen neuen Ehemann für Julia, der sich als Stiefvater der Söhne Julias um die Thronnachfolge kümmert und zudem in Agrippas Fußstapfen treten kann – immerhin ist Augustus selbst inzwischen Anfang fünfzig (vgl. Seager 2005, 20). Seine Wahl fällt dieses Mal tatsächlich auf einen der Söhne seiner Frau Livia: Tiberius soll Julia heiraten. Bei seinen Feldzügen in Spanien in den 20er Jahren v. Chr. hat Tiberius seinen Stiefvater als Militärtribun begleitet, und Augustus hält einiges auf ihn. Das Problem ist nur: Er ist bereits verheiratet, und das auch noch sehr glücklich – und ausgerechnet mit Vipsania Agrippina, der Tochter des Agrippa. Tiberius wird gezwungen, sich von Vipsania zu trennen und scheiden zu lassen. Man muss es sich wirklich im Einzelnen vor Augen halten: Erst vor kurzem ist Vipsanias Vater gestorben, und nun verliert sie auch noch ihren Ehemann, mit dem sie glücklich ist. Doch die Lenkung des Staates duldet keine Sentimentalitäten.

Tiberius kann die Trennung zunächst nicht verwinden; als er Vipsania zufällig trifft, bricht er förmlich zusammen. Augustus verbietet ihm daraufhin, sie wiederzusehen. Will man Sueton glauben, so ist Tiberius schon deshalb nicht von der Idee begeistert, Julia zu heiraten, weil sie bereits ein Auge auf ihn geworfen hat, als sie noch mit Agrippa verheiratet ist. Sueton schreibt sogar, nicht nur er habe Julias Sittlichkeit angezweifelt, dies sei auch die allgemeine Meinung des Volkes gewesen (Suet. *Tib.* 7.2). Hier begegnet uns zum ersten Mal der Vorwurf, Julia sei eine Person von zweifelhafter Moral; er wird für die folgenden Ereignisse entscheidend sein. Zwar zeugt sie auch mit Tiberius ein Kind, doch dies stirbt bald nach der Geburt – offenbar sehr zur Erleichterung des Augustus, der diese Möglichkeit nicht bedacht hatte; immerhin hätte Tiberius seinen leiblichen Sohn in der Thronnachfolge den Stiefsöhnen vorziehen können. Ein weiteres Kind bekommen Tiberius und Julia aber nicht, schon bald leben sie de facto getrennt voneinander (vgl. Seager 2005, ebd.). Tiberius, der, wie Werner Dahlheim treffend schreibt, „an der Peinlichkeit schier [erstickt], an der Seite einer ungeliebten Frau Platzhalter für die julische Brut spielen zu müssen" (2003, 352), geht nach Rhodos in eine Art freiwilliges Exil. Darüber, was genau zum endgültigen Zerwürfnis zwischen Augustus und Julia führt, streiten sich die Gelehrten seit langer Zeit. Gibt es eine weitere politische Verschwörung, vielleicht unter Jullus Antionius, dem Sohn von Augustus' altem Erzrivalen Marcus Antonius, an der Julia beteiligt ist (vgl. ebd.)? Oder kann es sein, dass es wirklich nur ihr Lebenswandel ist, der mit den moralischen Vorstellungen des Vaters nicht in Einklang zu bringen ist? Da die (überlebende) Literatur der augusteischen Zeit in erster Linie der Verherrlichung des Princeps dient, besitzen wir keine irgendwie geartete kritische Berichterstattung über den Fall Julia.

Die späteren Autoren wie Sueton übernehmen sicherlich das, was als offizielle Version seitens des Kaiserhauses zu gelten hatte: „Aufgrund ihrer Liebschaften und Ehebrüche" (Suet. *Tib.* 11.4) wird Julia im Jahr 2 v. Chr. von ihrem Vater verbannt. Bezeichnenderweise hängt er das Ganze auch noch an die große Glocke – Augustus hätte den Fall durchaus im familiären Rahmen regeln können, aber er brachte die Angelegenheit vor den Senat, der selbstverständlich so entschied, wie der Princeps es wollte (vgl. Eck 2003, 71). Im Nachhinein scheint es eigentlich plausibler, dass es für die Verbannung einen politischen Hintergrund gibt; vielleicht aber mag man auch einem Vater nicht zutrauen, das Leben seiner Tochter zu zerstören, weil sie mehrere Liebhaber hat, während ihr Ehemann jahrelang fort ist (tatsächlich kehrt Tiberius erst nach Rom zurück, als Julia bereits in der Verbannung ist).

Julia wird also im Jahr 2 v. Chr. ins Exil geschickt, auf die Insel Pandateria (heute Ventotene) im Tyrrhenischen Meer nahe dem Golf von Neapel. Für einen Römer ist das Exil ohnehin schon eine äußerst schwere Strafe, aber den kaiserlichen Palast gegen eine knapp 2 km² große Insel eintauschen zu müssen, muss für Julia geradezu einem Todesurteil gleichkommen. De facto ist es nicht nur eine Verbannung, sondern eine Gefängnisstrafe, denn obendrein ordnet ihr Vater an, sie habe auf der Insel leiblichen Genüssen zu entsagen – nicht einmal Wein trinken darf sie. Immerhin ist sie nicht allein, ihre Mutter darf sie begleiten.

Sueton über Julias Verbannung

Über seine Tochter ließ [Augustus] dem Senat schriftlich berichten, durch einen Quästor, der seine Worte verlas. Überhaupt hielt er sich zu dieser Zeit eher von Menschenansammlungen fern, weil er sich schämte; er überlegte sogar, ob er [Julia] töten lassen sollte. Auf jeden Fall sagte er, als die Freigelassene Phoebe, eine ihrer Vertrauten, sich durch Erhängen das Leben nahm, er wäre lieber der Vater der Phoebe gewesen.

Der Verbannten verbot er das Trinken von Wein und jede andere kultivierte Annehmlichkeit, und keiner, nicht einmal ein Sklave, durfte zu ihr, ohne dass er es erlaubte. […] Erst nach fünf Jahren versetzte er sie von der Insel auf das Festland und lockerte ihre Haftbedingungen ein wenig. Aber sie ganz zu sich zurückzuholen, dazu konnte ihn kein Bitten und kein Flehen bringen.

Suet. *Aug.* 65.2–4

Julias anfangs sicherlich noch gehegte Hoffnung, der Vater werde ihr entweder verzeihen und sie zurückholen oder er werde sterben und sie amnestiert werden, erfüllt sich nicht. Sie darf nicht einmal ihre zwei ältesten Söhne begraben, als sie sterben. Sie sieht Rom niemals wieder. Auch als Augustus ihr nach langen Jahren erlaubt, die Insel zu verlassen, darf sie nicht nach Hause zurückkehren; ihr wird als Wohnort das provinzielle Rhegium (Reggio di Calabria) zugewiesen, wo sie unter Hausarrest steht, bis sie 14 n. Chr. im Alter von 53 Jahren stirbt – im selben Jahr wie ihr Vater (vgl. Tac. *ann.* 1.53).

In der römischen Literatur des 1. Jahrhunderts n. Chr. und später wird Julia mehr und mehr negativ dargestellt. Die Zahl ihrer Liebhaber steigt bei den Autoren unaufhörlich, und es kommen immer wildere Anekdoten hinzu, von Mordplänen (Plinius d. Ä.) bis zur Prostitution (Seneca). Sicherlich sind diese Darstellungen allesamt ein Beispiel dafür, wie ein Gerücht sich verselbständigt – vor allem, wenn es sich um einen Skandal mit (angeblich) pikanten Details handelt. Ob Julia im Sinne der Vorwürfe schuldig gewesen ist oder nicht und inwieweit das Ganze einen politischen Hintergrund gehabt hat, können wir heute ebenso wenig ermessen wie die Umstände, die ein paar Jahre später, 8 n. Chr., dazu führen, dass Augustus auch noch seine Enkelin, Julias Tochter, und den bedeutendsten lebenden römischen Dichter Ovid verbannt. Es liegt im Dunkel der Geschichte begraben.

Eines der interessantesten Rezeptionsbeispiele für den „Fall Julia" ist Traute Petersens *Julia. Glanz und Tragik einer Kaisertochter* (2010). Der Roman erzählt in Rückblicken die Vorgeschichte der Verbannung; er ist komplett aus Sicht der Julia geschrieben, mit fiktiven Briefen und Tagebucheinträgen. Natürlich ist die Darstellung der Einzelheiten eine Interpretation der spärlichen historischen Zeugnisse (die Hintergründe für die Verbannung sind hier in der Tat eher politisch), aber diese vermag die Autorin äußerst glaubhaft darzustellen.

Hände in Unschuld:
Jesus (30 n. Chr.)

Der vielleicht größte, auf jeden Fall aber kulturgeschichtlich bedeutendste Kriminalfall in dieser Sammlung ist mit Sicherheit dieser: der Fall Jesus. Sicherlich ist es auch der am besten bekannte. Doch wie viel von dem, was die Evangelien über die Gefangennahme, Verurteilung und Hinrichtung von Jesus berichten, kann als historische Tatsache angesehen werden, und was genau?

Die vier Evangelien, die das Leben des Jesus von Nazareth beschreiben, entstehen zwischen 70 und 100 n. Chr. Nur eines wird von einem direkten Anhänger Jesus', einem seiner Jünger, verfasst (Johannes); es ist dennoch das jüngste der vier. Das älteste ist das des Markus, es entsteht ca. 40 Jahre nach Jesus' Tod. Doch muss man bei allen vier Berichten annehmen, dass sie in erster Linie auf Hörensagen beruhen, wie es in der Antike bei der Geschichtsschreibung ja allgemein üblich ist.

Abgesehen von der Bibel begegnet Jesus von Nazareth uns noch beim jüdisch-römischen Historiker Flavius Josephus in dessen Geschichtswerk *Jüdische Altertümer* (*antiquitates Iudaicae*), das in etwa zur selben Zeit entstand wie das Johannes-Evangelium. Über den „Fall Jesus" sagt dieser kurz und knapp: „Als Pilatus ihn auf Vorschlag unserer wichtigsten Männer hin zum Kreuz verurteilt hatte, ließen ihn die, die ihn liebten, nicht im Stich" (Ios. ant. Iud. 18.3.3).

Wer aber sind „unsere wichtigsten Männer" (τῶν πρώτων ἀνδρῶν παρ' ἡμῖν)? Wie ist der genaue Ablauf der Vorgänge? Ausführlicher als Josephus berichten freilich die Evangelien, aber sie sind sich nicht in allen Punkten einig. Klar ist zumindest: Jesus von Nazareth, der Mann, der vorgibt, Sohn Gottes zu sein, wird von Pontius Pilatus, dem Statthalter der römischen Provinz Judäa, um 30 n. Chr. zum Tode durch Kreuzigung verurteilt. Der Vorwurf: Majestätsbeleidigung (*crimen laesae maiestatis*) des römischen Kaisers Tiberius. Ausgeliefert wird er Pilatus durch Vertreter des Jerusalemer Hohen Rates (Synhedrion).

Die historische Faktenlage legt nahe, dass Jesus dem Synhedrion ein Dorn im Auge ist, da er augenscheinlich das bestehende System der Tempelhierarchie auflösen will. Auch wenn das Synhedrion nicht direkt durch die Person Jesus' und dessen Anhänger um seine Macht bangen muss, so muss es doch fürchten, dass die römischen Besatzer einschreiten werden, wenn die Unruhen in Judäa, die Jesus' Auftauchen verursacht hat, weiter zunehmen (vgl. Jaroš, 73 f.). Immerhin ist Jesus gerade mit viel Gefolge und unter großem Aufsehen in Jerusalem eingezogen, um mit seinen Jüngern das Passahfest zu feiern (vgl. Liebs, 90).

Nun kann aber der jüdische Hohe Rat zwar ein Todesurteil aussprechen, aber er kann es nicht ausführen; die Hinrichtung (*ius gladii*) obliegt der römischen Staatsmacht, vertreten durch den Statthalter Pontius Pilatus. Ein dahingehender Beschluss des Synhedrion kommt also de facto nur einer Empfehlung gleich. Ob es überhaupt zu einem Prozess gegen Jesus vor das Synhedrion kommt, wie ihn das Markus- und das Matthäus-Evangelium beschreiben, ist äußerst fraglich. Wahrscheinlicher ist, dass der Rat in einer geschlossenen Sitzung beschließt, Jesus von Nazareth aus dem Weg zu räumen, wie das Johannes-Evangelium es erzählt. Dort wird der Hohepriester Joseph ben Kaiaphas zitiert mit den Worten: „Es ist besser für uns, wenn ein Mensch für das Volk stirbt, als dass das ganze Volk zugrundegeht" (Joh 11.50). Diese Haltung ist an sich durchaus nachvollziehbar – immerhin steht für das Synhedrion der Bestand eines ganzen Glaubenssystems auf dem Spiel.

Nachdem der Hohe Rat Jesus im Garten Getsemani hat festnehmen lassen, bringt er ihn schnell und ohne viel Aufhebens vor Pilatus, um ihn zum Tode verurteilen zu lassen (vgl. Jaroš, 76 f.). Doch das Verbrechen, das der Hohe Rat Jesus vorwirft, kann nun nicht sein, dass dieser sagt, er sei der Sohn Gottes. Da der Gott der Juden in den Augen der Römer keiner ihrer eigenen Götter ist, wäre eine solche Äußerung nach römischem Recht nicht strafbar. Es muss also eine andere Anschuldigung her, die den Römern keine Wahl lässt, als den Mann zum Tode zu verurteilen: und dies ist die Majestätsbeleidigung. Der Vorwurf, der Pilatus nun unterbreitet wird, lautet: Dieser Mann behauptet, er sei der König der Juden. Technisch gesehen ist dies eher eine Form der Amtsanmaßung, aber als solche zugleich ein Affront gegen Kaiser Tiberius, denn nur der Kaiser kann bestimmen, wer in einer Provinz als Regionalkönig eingesetzt wird. Nach römischem Recht ist mithin jeder, der von sich behauptet,

Provinzherrscher zu sein, des Hochverrats schuldig, und Hochverrat wird mit dem Tode bestraft. Somit ist aber auch klar: Jesus von Nazareth ist im Sinne der Anklage vollkommen unschuldig (vgl. ebd., 78 f.). Das nun folgende Geschehen wird in den Evangelien wieder in ziemlich unterschiedlich ausführlicher Weise dargestellt. Allen vier Texten gemeinsam ist die Darstellung des Pontius Pilatus als zögernder und zweifelnder Richter über das von den Juden geforderte Todesurteil. Dass auch hier kein wirklicher Prozess stattfindet, auch wenn die Römer ja über ein sehr gut ausgebildetes Rechtssystem verfügen, liegt vor allem daran, dass der Provinzstatthalter, zumal in einer Militärprovinz wie Judäa, so ziemlich nach eigenem Gutdünken schalten und walten kann. Er kann Urteile aussprechen und besitzt das bereits erwähnte *ius gladii*, und durch dieses kann er sogar hohe römische (!) Militäroffiziere, zum Beispiel bei Verdacht auf Hochverrat, hinrichten lassen, ohne dass ein Gerichtsverfahren stattfindet.

Als Jesus nun also vor Pilatus steht, fragt ihn dieser: „Bist du der König der Juden?" und Jesus bejaht die Frage erstaunlicherweise. Auf alle weiteren Nachfragen antwortet Jesus nicht mehr – so die Darstellung in den drei Evangelien Markus, Matthäus und Lukas. Allein bei Johannes gerät der Dialog zwischen Jesus und Pilatus ein wenig ausführlicher (vgl. Joh 18.33–38). Interessanterweise ist dies die einzige Darstellung, in der Jesus im direkten Gespräch mit Pilatus ganz klar deutlich macht, dass er nicht des Hochverrats schuldig ist. Er sagt, er sei zwar ein König, aber sein Königreich sei „nicht von dieser Welt" – und gegen spirituelle Überzeugungen kann Pilatus kein Todesurteil aussprechen, nur gegen ein direktes politisches, also weltliches Handeln.

Dass Pilatus aber zögert, Jesus zum Tode zu verurteilen, findet sich in allen vier Evangelien. Es wird sogar durchweg so dargestellt, als wolle er die Verurteilung Jesus' verhindern, weil er (außer bei Johannes) trotz dessen eigener Aussagen an Jesus' Schuld zweifelt. Doch historisch gesehen erwecken die Texte wohl einen falschen Eindruck. Gemäß anderen Zeugnissen über Pontius Pilatus ist es eher unwahrscheinlich, dass er „sich aus seinem Rechtsempfinden um eine Freigabe Jesu bemühte. Er sah, daß der Hohepriester und einige seiner Parteigänger von ihm ein Todesurteil erzwingen wollten, und versuchte nun alles, um seine Macht auszuspielen" (Jaroš, 94 f.). Wie kommt es aber, dass Pilatus in den Evangelien in dieser Weise charakterisiert wird und bei Johannes sogar den Eindruck eines nachdenklich-philosophischen Zweiflers („Was ist Wahrheit?") erweckt?

Jesus vor Pilatus, im Johannes-Evangelium

In der Frühe führten sie Jesus vom Hohepriester Kaiaphas aus vor das Haus des Statthalters. Sie gingen aber nicht hinein, damit sie sich nicht verunreinigten, denn sonst hätten sie nicht das Mahl am Passahfest einnehmen dürfen. Also kam Pilatus zu ihnen heraus und sagte: „Wessen klagt ihr diesen Mann an?" Sie antworteten ihm: „Wäre er kein Verbrecher, dann hätten wir ihn nicht zu dir gebracht." Da sagte Pilatus zu ihnen: „Dann nehmt ihn doch mit und bestraft ihn nach eurem Gesetz." Da sagten die Juden zu ihm: „Wir dürfen niemanden töten." So sollte sich die Weissagung erfüllen, mittels der Jesus vorhergesagt hatte, wie er sterben würde.

Pilatus ging zurück ins Haus und befahl, Jesus zu ihm zu bringen. Er sagte zu ihm: „Bist du der König der Juden?" Jesus fragte: „Sagst du das von dir selbst aus, oder haben es dir andere über mich erzählt?" Pilatus antwortete: „Bin ich ein Jude? Dein Volk und die Hohepriester haben dich mir überantwortet. Was hast du getan?" Jesus antwortete: „Mein Reich ist nicht von dieser Welt. Wäre mein Reich von dieser Welt, dann würden meine Anhänger dafür kämpfen, dass ich nicht den Juden übergeben werde. Doch mein Reich ist nicht von hier." Da sagte Pilatus zu ihm: „Aber ein König bist du trotzdem?" Jesus antwortete: „Du sagst es, ich bin ein König. Ich bin auf die Welt gekommen, für die Wahrheit Zeugnis abzulegen. Jeder, der der Wahrheit verpflichtet ist, hört meine Stimme." Da fragte Pilatus ihn: „Was ist Wahrheit?"

Und als er das gesagt hatte, ging er wieder hinaus zu den Juden und sprach zu ihnen: „Ich finde keine Schuld an ihm. Aber bei euch gibt es doch den Brauch, dass ich zum Passahfest einen Gefangenen begnadige. Wollt ihr, dass ich euch den König der Juden freilasse?" Da schrien sie wieder allesamt und sprachen: „Ihn nicht, aber Barabbas!"

Barabbas war ein Straßenräuber.

Joh 18.28–40

Dies mag in erster Linie damit zu tun haben, dass das Christentum zur Zeit der Abfassung der Evangelien bereits in weiten Teilen des Römischen Reiches verbreitet ist und man sich aus ganz pragmatischen Gründen mit Rom gut stellen will. Zugleich bedeutet es aber, dass die Verfasser die gesamte Schuld an der Verurteilung Jesus' den Juden in die Schuhe schieben müssen – was für die Juden unabsehbare negative Auswirkungen hat, die so über Jahrtausende, bis ins Dritte Reich, als „Gottesmörder" abgestempelt werden (vgl. ebd., 79).

Aber zurück zum „Fall Jesus". In Pilatus' Macht steht nun Folgendes: Er kann Jesus zunächst zum regierenden Tetrarchen Herodes von Galiläa schicken und dessen Meinung einholen. Gemäß Lukas-Evangelium tut er dies auch: „Er schickte ihn zu Herodes, der in diesen Tagen ebenfalls in Jerusalem war. Als Herodes Jesus sah, freute er sich, denn er hatte ihn schon längst kennenlernen wollen und hatte viel von ihm gehört. Er hoffte, er ließe ihn ein Wunder sehen. Und Herodes fragte ihn vieles; aber er antwortete ihm nicht. Die Hohepriester und Schriftgelehrten standen dabei und klagten Jesus an, aber Herodes mit seinem Hofstaat verspottete ihn bloß, legte ihm ein Festgewand an und sandte ihn zurück zu Pilatus. An diesem Tag wurden Pilatus und Herodes Freunde, zuvor waren sie Feinde gewesen" (Lk 23.6–12). Wie auch immer man die letzte Bemerkung deuten kann, sicher ist, dass Herodes als absolut loyaler Anhänger des Kaisers und des Römischen Reiches gilt (vgl. Ios. *ant. Iud.* 18.36). Dadurch, dass er Jesus mit dem königlichen Festgewand behängt und unter Hohn und Spott zu Pilatus zurückschickt, muss diesem klar sein, dass er keinen Grund mehr hat, an Jesus' Unschuld zu zweifeln.

Doch ob Pilatus von Jesus' Schuld oder Unschuld überzeugt ist, hat vielleicht weniger Bedeutung, als man denken mag. Für ihn kann Jesus nicht mehr sein als ein einzelner Jude, ein Bewohner einer von Rom besetzten Provinz, wie auch immer er sich nennen mag oder von anderen bezeichnet wird. Insofern ist durchaus Karl Jaroš' Meinung zuzustimmen, dass es sich bei der zögerlichen Haltung Pilatus' dem Synhedrion gegenüber vor allem um Machtspiele handelt (vgl. Jaroš, 94 f.)

Und als solches ist auch die nächste Maßnahme zu sehen: Pilatus bemüht den alten Brauch, einen Gefangenen zum Passahfest zu begnadigen. Laut den Evangelien fragt er das Volk vor dem Palast, wen er begnadigen soll, und das Volk, von den obersten Vertretern des Synhedrion angestachelt, fordert statt Freilassung von Jesus die des Mörders Barrabas. Diese berühmte Episode mag im Kern durchaus historisch sein. Manche Forscher sehen diesen Brauch als Erfindung der Evangelien an, aber es gibt durchaus Textbelege, die eine solche Einrichtung bestätigen (vgl. Schubert, 164). Was jedoch unhistorisch zu sein scheint, ist, dass Pilatus das Volk selbst befragt – und natürlich auch die berühmte, memorable Szene im Matthäus-Evangelium, in der Pilatus sich eine Schale mit Wasser bringen lässt, sich die Hände wäscht und sagt: „Ich bin unschuldig am Blut dieses gerechten Mannes. Das ist eure Verantwortung" (Mt 27.24).

In Wirklichkeit wird Pilatus die Begnadigung höchstens den anwesenden Vertretern des Synhedrion angeboten haben, hinter verschlossenen Türen und sicherlich ohne Einbindung einer (wie auch immer gearteten) Öffentlichkeit (vgl. Cohn, 203 ff.). Die Darstellung der vor dem Palast wütend „Ans Kreuz mit Jesus!" schreienden Menge ist wohl vielmehr wieder dem Ansinnen geschuldet, den Römer zu ent- und die Juden zu belasten, wie bereits ausgeführt.

Doch auch wenn Pilatus zu diesem Zeitpunkt schon durch Herodes' Reaktion (Lukas-Evangelium) oder durch das Gespräch mit Jesus selbst (Johannes-Evangelium) zur Überzeugung gelangt sein mag, dass der Mann aus Nazareth im Sinne der Anklage unschuldig ist, so muss er spätestens jetzt einlenken, als der Hohepriester andeutet, wenn Jesus nicht verurteilt werde, müsse er sich direkt an den Kaiser wenden und seinerseits Pilatus des Hochverrats anklagen. Das kann Pilatus natürlich nicht riskieren, schon gar nicht, wenn es doch nur um das Leben eines Juden geht, der ihm, Pilatus, persönlich nichts bedeutet. Er hat seine Trümpfe ausgespielt, muss aber jetzt das Machtspiel als verloren ansehen (vgl. Jaroš, 97). Jesus von Nazareth selbst ist zu dieser Zeit wahrscheinlich bereits ausgepeitscht worden – eine Maßnahme, die Pilatus dem Synhedrion als Alternative zur Verurteilung angeboten hat, die ihm aber auch Zeit für die Entscheidung hatte gewinnen sollen.

Gegen Mittag verkündet er nun das Todesurteil gegen Jesus. Die bereits stattgefundene Auspeitschung ist Teil des wohl grausamsten der im Reich bestehenden Hinrichtungsrituale: der Kreuzigung. Diese Art der Exekution haben die Römer aus dem Orient übernommen; ursprünglich sind dabei Menschen lediglich an einen Pfahl oder Baum gefesselt worden, bis sie verdursteten. Grausame Berühmtheit hat die

Kreuzigung rund 100 Jahre vor der Hinrichtung von Jesus erlangt, als nach dem missglückten Spartacus-Aufstand an die 6000 rebellische Sklaven entlang einer römischen Ausfallstraße gekreuzigt worden sind (s. S. 62).

Bei der römischen Kreuzigung werden die Arme an den Querbalken des Kreuzes gebunden oder genagelt, die Füße werden in jedem Fall rechts und links des Balkens durch den Fersenknochen hindurch angenagelt. Wie bereits erwähnt, ist das Auspeitschen integraler Bestandteil der Kreuzigungsprozedur; dies hat durchaus „humane" Gründe, denn oftmals stirbt der Verurteilte bereits durch die Peitschenhiebe – und wenn nicht, ist er spätestens, nachdem er den Querbalken seines Kreuzes zum Exekutionsort geschleppt hat, so geschwächt, dass er am Kreuz nicht mehr lange überlebt, zumindest nicht bei Bewusstsein. Oftmals ist es auch eine Blutvergiftung, die für ein schnelles Ende sorgt (vgl. ebd., 102 f.).

Josephus berichtet, die Römer hätten den Juden erlaubt, ihre Toten, auch die Gekreuzigten, nach eigenem Ritus zu bestatten (*bell. Iud.* 4.317) – das bedeutet, dass man die Toten noch am gleichen Tage beerdigt und nicht, wie bei den Römern eigentlich üblich, zur Abschreckung (Gekreuzigte sind schließlich ausnahmslos Verbrecher) mehrere Tage lang hängen lässt, der Witterung, den Vögeln und vor allem den Insekten ausgesetzt. Im Falle von Jesus ist diese schnelle Grablegung natürlich die Grundvoraussetzung für das, was seiner Kreuzigung nach christlichem Glaubensverständnis folgt: seine Auferstehung am dritten Tag.

Die Kreuzigung des Jesus von Nazareth ist eines der meistverwendeten Motive der Bildenden Kunst von der Spätantike bis in die Gegenwart (hier hervorzuheben: *Befragung* von Uwe Fehrmann, 2011). Doch auch die Begegnung von Jesus und Pilatus ist viele Male dargestellt worden. Ein Werk, das hier besonders hervorsticht, ist Antonio Ciseris Gemälde *Ecce homo* von 1880 (heute in der Galleria d'Arte Moderna in Florenz). Es zeigt Pilatus, in der Toga gewandet, der Jesus an einer Balustrade dem jüdischen Volk präsentiert und es fragt, ob er ihn begnadigen soll (was natürlich den entsprechenden Evangelien folgt, aber wohl, wie oben angemerkt, unhistorisch ist). Das Besondere an der Darstellung ist, dass Pilatus, auch wenn er vom Aufbau und der Farbgebung her im Zentrum des Bildes steht, dem Betrachter den Rücken zuwendet; auch Jesus, links neben Pilatus, der mit ausladender Geste auf ihn zeigt, ist uns halb abgewandt. So entsteht ein Effekt, in dem der Künstler den Betrachter zugleich aus der Handlung ausschließt und zum Voyeur macht. Man bekommt zwar das Gefühl, sich zusammen mit den Beistehenden im gleichen Raum zu befinden wie Jesus und Pilatus, aber durch die Komposition der Darstellung wird auf eindringliche Weise unterstrichen, dass der Betrachter letztlich nur eines tun kann: tatenlos zusehen.

Mord an der Mutter:
Nero (59 n. Chr.)

Zum ersten Mal begegnet uns hier ein Kriminalfall, der nicht *an* einem, sondern *von* einem Herrscher begangen wird: dem Kaiser des Römischen Reiches. Nero ist ein Name, der heute wie wohl kein anderer aus der Antike negative Assoziationen weckt, und es scheint nichts einfacher, als diesen Kaiser als Monster zu stilisieren, als Unmensch, Tyrann, Verbrecher. Der Mann, der Rom in Brand steckte und die Christen verfolgte – so sieht man Nero im Allgemeinen seit der Antike. Für ihn scheint das Wort „Caesarenwahn" geradezu erfunden, und Peter Ustinovs grandiose und mit einem *Golden Globe* gewürdigte Darstellung Neros in *Quo Vadis* (1951) hat für die Moderne das Ihrige dazu beigetragen – man denke nur an die Tränenamphore. Dabei sieht die Forschung Kaiser Nero heute differenzierter – und läuft dabei durchaus Gefahr, in die entgegengesetzte Richtung abzudriften, denn „jede Tat Neros wird nunmehr gerechtfertigt, jegliche Laune und Überspanntheit mit ernsthaftem (‚genialem') politischen Wollen erklärt" (Elbern, 12).

Wir wissen heute einigermaßen sicher, dass Nero Rom während seiner Zeit als römischer Kaiser nicht in Brand steckt, um im Schein des Feuers auf der Lyra zu spielen und dazu zu singen. Und auch die erste planmäßige Verfolgung von Christen, die während seiner Amtszeit stattfand, wird heute in einem anderen Licht gesehen und mitunter in ihrem Ausmaß angezweifelt – immerhin wird sie bis Ende des 2. Jahrhunderts n. Chr. von keinem christlichen Autor erwähnt (vgl. Malitz, 74). Aber wir wissen um andere Verbrechen, die er begeht. Und eines sticht dabei ganz besonders heraus: der Mord an seiner eigenen Mutter.

Schon in der Antike vermutet man, dass Nero zu seiner Mutter eine inzestuöse Verbindung pflegt. Er selbst, der Kaiser, der sich auch als Künstler sieht, scheint darauf hinzuweisen, indem er auf der Bühne den Ödipus gibt (vgl. Champlin, 102 f.). Aber noch eine weitere Gestalt der griechischen Mythologie hat es ihm angetan, und ihr wird er ebenfalls nacheifern: Orestes, der seine Mutter Klytaimnestra umbringt, weil sie zusammen mit ihrem Liebhaber Aigisthos Orestes' Vater, Agamemnon, getötet hat. Aufgestachelt von seiner Schwester Elektra erschlägt er beide, Klytaimnestra und Aigisthos.

Neros Mutter, Agrippina, ist maßgeblich an dem Aufstieg ihres Sohnes zum Kaiser beteiligt. Julia Agrippina d. J. ist die Tochter des berühmten Feldherrn Germanicus, eines Großneffen von Augustus, der verfügt hat, dass Germanicus nach Tiberius den Kaisertitel führen soll. Doch stattdessen besteigt sein Sohn, Agrippinas Bruder Caligula, für vier Jahre den Thron. Nachdem Caligula im Alter von nur 28 Jahren einem Attentat zum Opfer fällt, folgt ihm Claudius als Kaiser, der sich ein wenig länger hält und der Agrippina zur Frau nimmt. Ihr Sohn Nero, aus ihrer ersten Ehe mit einem bekannten Politiker, ist zu diesem Zeitpunkt neun Jahre alt. Aber Agrippina hat von Anfang an Pläne, die weiterreichen, als nur die Frau des Kaisers zu sein. Dass die spätere Stadt Köln ehrenhalber ihren Namen trägt und auch dass Claudius ihr, als erster Frau überhaupt, den Ehrentitel *Augusta* verleiht – das ist ihr alles nicht genug: Sie will selbst Macht besitzen und ausüben. Ihr wichtigster Schritt in diese Richtung besteht darin, dass sie ihren Ehemann dazu bringt, ihren Sohn, der bis dahin Lucius Domitius Ahenobarbus heißt, zu adoptieren und ihn anstatt seines leiblichen Sohnes zum Thronfolger zu bestimmen. Er heißt nun mit vollem Namen Tiberius Claudius Nero Drusus Germanicus Caesar – kurz: Nero.

Doch Agrippina will ihren Sohn noch stärker an Claudius und das julisch-claudische Herrscherhaus binden. So arrangiert sie die Hochzeit des 16-jährigen Nero mit Claudius' 13-jähriger Tochter. Natürlich darf er nach römischem Recht nicht seine eigene Schwester heiraten, also hat Agrippina zuvor dafür gesorgt, dass das Mädchen von einem Mitglied der Familie der Octavier adoptiert worden ist. Fortan heißt sie Octavia, ihren Geburtsnamen weiß man heute nicht mehr (vgl. Elbern, 35).

Nach ein paar Jahren scheint ihr dies jedoch auch nicht mehr zu reichen. Vielleicht hat sie auch Angst, dass Claudius es sich im Alter anders überlegt und doch noch seinen leiblichen Sohn, Britannicus, der drei Jahre jünger als Nero ist und bald volljährig wird, zu seinem Nachfolger bestimmt – oder anstrengen will, dass sich beide Söhne die Macht teilen (vgl. Eck 1993, 50). Dabei hat Agrippina alles getan, um Britannicus an den Rand zu drängen: Sie hat seine Lehrer und Vertrauten entfernen lassen, seine Erziehung vorsätzlich schleifen lassen, und als das Gerücht aufkommt, der Junge leide an Epilepsie, ist es nicht gerade unwahrscheinlich, dass Neros Mutter dieses Gerücht in die Welt gesetzt hat.

Aber all das ist ihr immer noch nicht genug: Agrippina lässt ihren Mann umbringen, mit Gift. Der Historiker Tacitus berichtet ziemlich genau darüber, wie dies geschieht: „Das Gift wurde in einen delikaten Champignon gegeben, und man erkannte die Kraft des Giftes nicht sofort, aufgrund der geistigen Trägheit und des angetrunkenen Zustands des Claudius; zudem entleerte man seinen Darm, und das schien zu helfen. Agrippina war bestürzt und fürchtete Strafe [für versuchten Mord], also wandte sie, die auf das so entstehende Übel nichts gab, sich an den bereits vorher ins Vertrauen gezogenen Arzt Xenophon. Dieser gab vor, dem Kaiser beim Erbrechen zu helfen, aber dabei steckte er ihm, wie man glaubt, eine Feder in den Rachen, die mit einem schnell wirkenden Gift bestrichen war" (Tac. *ann.* 12.67). Nach dem Mord am Kaiser entfernt sie alle Personen aus ihrer näheren Umgebung, die Claudius gegenüber besonders loyal gewesen sind.

Es spricht einiges dafür, dass sie gehofft hat, nach dem Mord an ihrem Mann selbst als Kaiserin das Römische Reich regieren zu können (vgl. Temporini-Vitzthum, 151 ff.). Aber sie muss bald einsehen, dass ihr dafür der Rückhalt fehlt. Also beschließt sie, ihren Sohn Nero dafür zu benutzen, ihre politischen Ziele durchzusetzen. Sie hat ihn schon mit 14 Jahren für mündig erklären lassen und ihn nominell zum Senator gemacht. Und auch in seinem nun beginnenden Prinzipat wird sie diejenige sein, die seine Entscheidungen trifft. Zunächst scheint ihre Rechnung aufzugehen. An seine Prätorianergarde gibt der junge Kaiser bei Amtsantritt eine neue Losung aus: „*Optima mater!*" – auf Deutsch: „Beste Mutter!" (vgl. Malitz, 21).

Aber bald läuft doch alles anders, als sie es sich vorgestellt hat. Je älter Nero wird, desto klarer wird, dass er von ganz anderem Schlag ist, als Agrippina gehofft haben mag – er interessiert sich für Kunst, vor allem für Dichtung und Musik, und er zeigt als Herrscher eine große Milde. Vor staatlicher Gewalt schreckt er zurück. Als er zum ersten Mal in seinem Leben ein Todesurteil unterzeichnen soll, da sagt er, wie überliefert ist: „Ich wünschte, ich kennte die Buchstaben nicht" (Suet. *Nero* 10.2). Als Neros Halbbruder Britannicus stirbt, kommt das Gerücht auf, Nero habe ihn umbringen lassen – doch nicht einmal die antiken Schriftsteller sind sich einig, ob dies nicht nur eine böse Unterstellung ist. Dass hier eher Agrippina am Werk ist, scheint im Nachhinein plausibler.

Tacitus über den angeblichen Inzest im Herrscherhaus

Bei Cluvius [Rufus] ist überliefert, Agrippina habe im Zuge ihres Eifers, ihre Macht zu behaupten, nicht einmal davor zurückgeschreckt, am Mittag, als Nero vom Wein und vom Essen glühte, sich ihm anzubieten, geschmückt und zum Inzest bereit. Die Personen in ihrer Nähe hatten bereits lüsterne Küsse und Liebkosungen (die Vorboten der Schändlichkeit) bemerkt, woraufhin Seneca zur Abwehr dieser Verführung eine Frau für ihn suchte und die Freigelassene Acte zu ihm schickte. Sie hatte zwar aufgrund der ihr selbst drohenden Gefahr und aufgrund des schlechten Rufs Neros Angst, aber sie sollte ihm mitteilen, dass alle von dem Inzest wüssten, da seine Mutter sich dessen öffentlich rühmte, und die Soldaten würden einem entweihten Herrscher nicht länger gehorchen.

Fabius Rusticus erinnert daran, dass nicht Agrippina, sondern Nero solcherlei Dinge zu tun begehrt habe, aber dies sei durch die List der Freigelassenen verhindert worden. Doch so wie Cluvius melden es auch andere Autoren (und die öffentliche Meinung unterstützt diese Sicht) – sei es, dass Agrippina wirklich etwas so Ungeheuerliches vorhatte, sei es, dass man den Gedanken einer so großen Wollust eher einer Frau zutraute, die sich bereits als Mädchen in der Hoffnung auf Macht [ihrem Schwager] Lepidus hingab, dann durch genauso große Begierde dazu gebracht wurde, sich mit [Marcus Antonius] Pallas einzulassen, und durch die Heirat mit ihrem Onkel [Claudius] in allen möglichen Lastern geübt war.

Tac. *ann.* 14.2

Auch in der durch seine Mutter arrangierten Ehe ist Nero nicht glücklich; mit Octavia hat er wenig gemein, er verabscheut sie geradezu. Mit 18 Jahren verliebt er sich in eine Freigelassene namens Acte – natürlich sehr zum Missfallen der Mutter. Aber er trennt sich von dem Mädchen (vorerst) nicht, sondern beauftragt sogar hochgestellte Beamte damit, ihr eine königliche Abstammung anzudichten, damit er sie offiziell heiraten kann (vgl. Riemer, 143). Auch wenn es schließlich doch nicht dazu kommt, ist seine Verbindung zu Acte für Nero ein entscheidender Schritt auf dem Weg, um sich von Agrippina abzunabeln.

Sie versucht bald andere Strategien bei ihrem Sohn; statt mit Härte begegnet sie ihm freundlich, macht ihm Geschenke – aber es ist zu spät. Sie muss zusehen, wie ihr Einfluss nach und nach schwindet. Nero entlässt ihren wichtigsten politischen Vertrauten, Marcus Antonius Pallas, der bereits Claudius' Berater gewesen ist. Maßgeblich hierfür könnte Seneca sein, der Philosoph, Neros Lehrer. Er übt in dieser Zeit großen Einfluss auf den jungen Kaiser aus; vielleicht versucht er schon jetzt, gewisse besorgniserregende Tendenzen im Gemüt Neros einzudämmen, die sich bald für verschiedene Personen als fatal erweisen werden. Währenddessen übt sich Nero immer öfter als Sänger und nimmt Unterricht bei bekannten Fachleuten, wobei er eine strenge Disziplin an den Tag legt (vgl. Malitz, 43). Dies ist ein weiteres Zeichen dafür, dass der Einfluss Agrippinas schwindet; sie hat die künstlerischen Bemühungen des Sohnes immer skeptisch betrachtet.

Bald ist Agrippina isoliert und politisch kaltgestellt. Warum Nero sie weitere drei Jahre später unbedingt ermorden will, ist daher nicht ganz klar. Schon bei den antiken Historikern spielt dabei Poppaea Sabina eine Rolle, die Nero zu dieser Zeit bereits kennengelernt hat. Aber dass er Agrippina umbringen lässt, weil sie nicht erlauben würde, dass er sich von Octavia scheiden lässt, um Poppaea zu heiraten, scheint vielen modernen Forschern ein wenig fragwürdig, bedenkt man, wie wenig Einfluss sie zu dieser Zeit noch hat (vgl. Elbern, 46 f.). Doch darf man den Einfluss einer dominanten Mutter auf den Sohn nicht unterschätzen – man muss Nero nicht als antiken Norman Bates ansehen, um sich vorstellen zu können, dass autoritäre und manipulative Bezugspersonen sogar noch über den Tod hinaus Einfluss ausüben können. Auch dass er Poppaea Sabina erst drei Jahre nach dem Mord an der Mutter heiratet, muss nicht dagegen sprechen, dass seine Liebe zu Poppaea die treibende Kraft hinter den Ereignissen ist, die nun geschildert werden sollen – auch wenn sicherlich mehrere Motive zusammenkommen; so muss dem engagierten Künstler und Sänger die Aussicht darauf, bald wegen seiner Lieblingsbeschäftigung keinen Hohn und Spott mehr zu ernten, ebenfalls verlockend erscheinen. Und auch Seneca hat sicherlich seine Finger im Spiel.

Als der Plan einmal gefasst ist, stellt sich für Nero die Frage: Wie soll es geschehen? Ein Giftmord scheidet aus, da Agrippina sich (wohlweislich) schon lange Zeit über gegen gängige Gifte immunisiert hat, wie es heißt. Es ist davon auszugehen, dass sie ohnehin ahnt, was Nero vorhat, sich aber nichts anmerken lässt, um sich nicht zusätzlich zu gefährden.

Der Mordplan, den Nero nun zusammen mit seinem früheren Lehrer Anicetus ausheckt, der inzwischen einen hohen Rang bei der Kriegsmarine in Misenum bekleidet, ist nicht ganz einfach durchzuführen: Agrippina soll bei einem arrangierten Schiffsunglück sterben (vgl. Champlin, 88). Dazu lädt Nero sie zu einem Festmahl ihr zu Ehren nach Baiae am Golf von Neapel ein, am Feiertag der Minerva. Beim Fest verbirgt er seine Aufregung, und als er sie spät am Abend zurück zum Bootsanleger begleitet, küsst und umarmt er sie zum Abschied. Für den Rückweg bietet er ihr sein eigenes Schiff an. In dieses Schiff nun hat Anicetus zuvor eine Spezialkonstruktion einbauen lassen, die wohl von Theateraufführungen mit Schiffen abgeschaut ist, wie sie in Rom üblich sind. Das Oberdeck ist mit Bleiplatten beschwert und das soll dafür sorgen, dass das Schiff mitten auf See auseinanderbricht. Doch der Mechanismus funktioniert nicht so gut wie vorgesehen: Anstatt zu kentern, legt sich das Schiff nur auf die Seite. Agrippina gelingt es, sich an Land zu retten (vgl. Herrmann, 179).

Vor allem Seneca rät dem Princeps nun, den begonnen Plan dennoch so bald als möglich auszuführen. Das weitere Vorgehen ist um einiges profaner als der ausgeklügelte, geradezu künstlerische erste Anschlag: Nero lässt einen Boten Agrippinas zu sich kommen. Diesem drückt er ein Schwert in die Hand und lässt ihn umgehend festnehmen – er habe ihn, den Kaiser, töten wollen, natürlich im Auftrag seiner Herrin. Selbstverständlich hat sie somit ihr Leben verwirkt. Umgehend schickt er Anicetus mit einigen Offizieren zu Agrippina und lässt sie im Angesicht mehrerer Schaulustiger auf der Stelle töten. Ihre letzten Worte sind überliefert: „Triff meinen Bauch!" – nicht nur eine Aufforderung an den Mann mit dem Schwert, der ihr gegenübersteht, ihrem Leben ein schnelles Ende zu bereiten, sondern vielleicht auch eine Anspielung auf die Frucht ihres Leibes, Nero, von dem sie genau weiß, dass er ihr nach dem Leben trachtet und nun endlich am Ziel ist (vgl. Malitz, 38 f.). Dies geschieht am 23. März 59 n. Chr. Zu diesem Zeitpunkt ist Nero gerade einmal 21 Jahre alt.

In derselben Nacht lässt Nero die sterblichen Überreste seiner Mutter verbrennen. Er überlässt es ihren persönlichen Sklaven, ihr später bei Misenum einen schlichten Erdhügel als Grabmal zu errichten (vgl. Tac. *ann.* 14.9). Allerdings ist dies nicht das heute bei den antiken Überresten von Baiae gezeigte Grab der Agrippina – dies ist wie das Grab des Vergil in Neapel oder das Grab des Homer auf der Insel Ios vollkommen unhistorisch und dient nur touristischen Zwecken.

Der Todestag seiner Mutter wird von Nero zum Festtag für ganz Rom stilisiert – der Senat zeigt sich begeistert über den vereitelten Mordanschlag auf den Kaiser, und fortan soll das Fest der Minerva jedes Jahr mit tagelangen Spielen gefeiert werden, um daran zu erinnern, wie Nero dem Tod entgangen ist, den seine Mutter für ihn geplant hat. Neben Neros Statue im Senat wird ein goldenes Minerva-Standbild errichtet. Bekannte Feinde seiner Mutter, die im Exil leben, werden zurück nach Rom eingeladen. Darüber hinaus wird Agrippinas Geburtstag, der 6. November, vom Kaiser zum *dies nefastus* erklärt (vgl. Champlin, 90) – einem Unglückstag, an dem keine öffentlichen Geschäfte getätigt werden dürfen und keine Gerichtsverhandlungen stattfinden.

Im Gegensatz zu diesen Glücksbekundungen des Princeps steht seine psychische Verfassung. An niemandem geht ein Mord spurlos vorbei, schon gar nicht der Mord an der eigenen Mutter, wie gut auch immer er objektiv motiviert sein mag. Manche antiken Historiker überliefern, dass Nero danach lange Zeit von Angstzuständen und Alpträumen geplagt wird (vgl. Elbern, 50) – die öffentlichen Aktionen sind somit eine plausible Übersprunghandlung des Kaisers, um sein eigenes Gewissen zu beruhigen. Im Zuge der Neubewertung Neros in den vergangenen zwanzig Jahren wird von manchen Forschern wie Massimo Fini oder Horst Herrmann die Meinung vertreten, der Mord an der Mutter sei „Notwehr" (Herrmann, 172) gewesen – sicherlich kann es sein, dass wir von bestimmten politischen Gegebenheiten, die Nero gezwungen haben mögen, so zu handeln, heute nichts mehr wissen. Aber alle überlieferten Umstände legen doch nahe, dass sich Nero zum Zeitpunkt der Tat gegen seine Mutter, die sein ganzes Leben lang wie ein Schatten über ihm gestanden hat, einfach nicht anders zu wehren weiß.

Sicherlich ist es zu dieser Zeit geradezu Gang und Gäbe, politische und persönliche Widersacher auf diese Weise aus dem Weg zu räumen (oder sie zumindest ins Exil zuschicken, was aber für einen echten Römer gleichbedeutend mit dem Tod ist). Es ist dann wohl doch eher die sensible Künstlerseele Neros, an der diese Tat weniger spurlos vorbeigeht als an der vieler seiner Zeitgenossen – auch wenn Seneca offenbar eine wichtige Rolle in der ganzen Intrige gespielt hat. Sicher ist jedoch, dass er nach dem Tod der Mutter politisch eine härtere Gangart fährt und in seinen Handlungen immer mehr auf Unverständnis stößt. Nicht nur, dass er seinen künstlerischen Aktivitäten immer mehr Raum gibt (wobei er nichts anderes mehr als Applaus als Reaktion gelten lässt), bald hat er auch kein Problem mehr damit, unliebsame Menschen zum Tode zu verurteilen. Seine Frau Octavia lässt er unter vorgeschobenen Gründen ins Exil schicken, um Poppaea Sabina heiraten zu können. Und angeblich behandelt er sie schlecht und tötet sie, indem er der Schwangeren in den Bauch tritt (vgl. Champlin, 110 f.).

Die wachsende Unzufriedenheit mit dem Regierungsstil des Kaisers findet einen ersten Höhepunkt in der sogenannten Pisonischen Verschwörung, einem Attentatskomplott, dessen Aufdeckung unter anderem Seneca und den Schriftsteller Lucan das Leben kostet. Doch lange kann Nero sich danach nicht mehr halten: Er fällt einem Militärputsch seiner unzufriedenen Generäle zum Opfer, und als er auf der Flucht Richtung Ägypten hört, der Senat habe ihn in Abwesenheit zum Staatsfeind erklärt, macht er seinem Leben ein Ende. Nero stirbt im Alter von 30 Jahren.

Die heute wohl bekannteste Darstellung Neros ist seine bereits erwähnte großartige Verkörperung durch Peter Ustinov in *Quo Vadis*. Allerdings setzt die Handlung des Films im Jahr 64 n. Chr. ein, also fünf Jahre nach dem Auftragsmord an Agrippina – er spielt dort mithin auch keine Rolle. Die Bildende Kunst hingegen hat sich den Stoff des tödlich endenden Mutter-Sohn-Konflikts nicht entgehen lassen: Das Gemälde *Nero und Agrippina* von Friedrich Klein-Chevalier (1896) zeigt den Mord am Fuße der Treppe zu Agrippinas Landhaus in Baiae durch Soldaten (hier ist Nero sogar beim Geschehen anwesend, sozusagen in zweiter Reihe, und hebt erschrocken oder abwehrend die Hände). Anders die Darstellung bei Antonio Rizzi: Sein Bild *Nerone e Agrippina* (1896) stellt den Kaiser dar, wie er die tote Mutter zusammengesunken auf dem Marmorboden findet; sie ist so gut wie nackt, und er kniet neben ihr und lüftet noch ihr spärliches rotes Gewand – wohl eine Reminiszenz an die antiken Autoren, die verbreiteten, Nero habe seine tote Mutter betrachtet und dabei proklamiert, wie schön sie sei (vgl. Elbern, 50).

Tod durch Gladiatorenhand: Commodus (192 n. Chr.)

Commodus (Lucius Aurelius Commodus, später Marcus Aurelius Commodus Antoninus, noch später Caesar Lucius Aelius Aurelius Commodus Augustus Pius Felix) ist einer der bekannteren und besonders berüchtigten römischen Kaiser. Es braucht gar nicht die fiktive Darstellung seiner Person als personifiziertes Böses in Ridley Scotts Erfolgsfilm *Gladiator* (2000) – die Realität ist wie so oft, schlimm genug und in diesem Fall sogar noch um einiges skurriler als die Fiktion. Commodus ist der Sohn des bedeutenden Kaisers Marcus Aurelius. Er ist erst 18 Jahre alt, als sein Vater im Jahr 180 n. Chr. stirbt und er den Thron besteigt, und er ist der erste römische Kaiser, der als leiblicher Sohn eines regierenden Kaisers geboren worden ist; unter Marcus Aurelius' 13 Kindern ist er der einzige überlebende Sohn (vgl. Matyszak/ Berry, 223). Beschrieben wird er als gutaussehender Jüngling mit athletischem Körperbau und blondem Haar. Doch schon bald, nachdem er die Amtsgeschäfte seines Vaters übernimmt, zeigt sich seine mangelnde Erfahrung in militärischen Angelegenheiten; er gibt den schon lange andauernden Krieg seines Vaters an der Donaugrenze auf, allerdings ohne sich um eine zufriedenstellende Grenzsicherung zu kümmern. Bald schon zeigt sich, dass Commodus anstatt Krieg zu führen sich lieber seinen Privatvergnügen hingibt. Die militärischen Belange wie auch die Staatsgeschäfte überlässt er zahlreichen Beratern, teilweise sehr zum Missfallen der Senatoren (vgl. Wells, 255). Es dauert nicht lange, bis es einen ersten Attentatsversuch gibt, doch dieser – wie vermutlich noch weitere – schlägt fehl.

Derweil entpuppt sich Commodus als wohl größter Exzentriker unter den römischen Kaisern seit Nero. Wie glaubhaft belegt ist, nimmt Commodus als Fahrer an Wagenrennen teil und an Tierhetzen in der Arena; vielleicht betätigt er sich sogar als Gladiator – wenn auch Letzteres wohl eher in seinen eigenen vier Wänden (vgl. Kyle, 225). Es gibt jedoch auch Forscher, die der Ansicht sind, dass solche Tätigkeiten, die meist dem Größenwahn zugeschrieben werden, im zeitgenössischen

Der Bärentöter – Cassius Dio über Commodus

In der Öffentlichkeit lenkte er niemals einen Wagen, außer manchmal in einer mondlosen Nacht, denn auch wenn er in der Öffentlichkeit es mochte, den Wagenlenker zu spielen, so schämte er sich doch, wenn man ihn [in seiner Funktion als Kaiser] dabei sah. Doch in seiner Freizeit tat er es ständig, und er gehörte zu den [Wagenlenkern aus dem Team der] „Grünen". Wilde Tiere jedoch tötete er sowohl im Privaten als auch in der Öffentlichkeit. Darüber hinaus betätigte er sich als Gladiator; wenn er dies daheim tat, gelang es ihm, hin und wieder jemanden zu töten, andere erwischte er nur beinahe, so dass er einigen die Nase abschlug, anderen die Ohren, wieder anderen weitere Teile des Gesichts; doch in der Öffentlichkeit verzichtete er auf das Eisen und darauf, menschliches Blut zu vergießen.

Bevor er das Amphitheater betrat, legte er eine langärmelige Tunika aus Seide an, weiß, mit Goldfäden durchwirkt, und so ausstaffiert empfing er unsere Grüße; aber wenn er sich drinnen aufhielt, legte er zuvor ein Gewand aus reinem Purpur mit goldenen Verzierungen an, dazu nach griechischer Mode eine Chlamys der gleichen Farbe und eine goldene Krone, besetzt mit Edelsteinen aus Indien, und er trug einen Heroldsstab ähnlich dem des Merkur. Auf der Straße trug man sein Löwenfell und seine Keule vor ihm her, und im Amphitheater platzierte man beides auf einem vergoldeten Stuhl, ganz gleich, ob er anwesend war oder nicht. Er selbst betrat die Arena im Gewand des Merkur, warf alle anderen Kleider von sich, trug nur eine Tunika und war barfuß. Am ersten Tag tötete er ganz allein einhundert Bären, indem er vom Geländer der Balustrade herab Wurfgeschosse auf sie schleuderte. Das ganze Theater wurde von zwei einander durchschneidenden Mauern geteilt, die auf ganzer Länge eine Galerie trugen, so dass die wilden Tiere in vier Herden geteilt waren und man sie so leichter aufspießen konnte, von jedem Punkt aus und aus kurzer Entfernung. Mitten im Kampf wurde er müde, nahm von einer Frau gekühlten süßen Wein entgegen, in einer keulenförmigen Schale; er trank diese mit einem Schluck leer. Dazu rief das Volk wie auch wir [Senatoren] alle sofort die Worte, die wir bei Trinkgelagen so oft zu sagen pflegen: „Ein langes Leben dir!"

> Man soll nicht glauben, dass ich die Würde der Geschichtsschreibung besudeln möchte, indem ich solcherlei Vorkommnisse niederschreibe. Im Allgemeinen sollte man so etwas wohl nicht weitererzählen, aber da es die Taten des Kaisers waren und ich selbst dabei anwesend, alles gesehen und gehört und gesprochen habe, erachte ich es doch als rechtmäßig, keine der Einzelheiten zu verschweigen, sondern sie weiterzugeben an die, die später leben werden, genau wie ich es mit allem anderen halte, vor allem den großen und bedeutenden Ereignissen.
>
> Cass. Dio 73.17–18

Kontext durchaus eine ganz bestimmte Funktion gehabt haben können: Ein Herrscher, der sich in solcherlei Zusammenhängen präsentiert, nämlich bei den wichtigsten Freizeitbeschäftigungen des Volkes, wird beim Volk unter Umständen einen durchaus hohen Stellenwert gehabt haben (vgl. ebd., 240 n. 83).

Ob seine Skurrilitäten gegen Ende seines kurzen Lebens noch zunehmen, wissen wir nicht. Doch ein Ereignis kennen wir aus seinem letzten Lebensjahr, das vielleicht mehr als alles andere Licht auf die Persönlichkeit dieses Mannes wirft: Commodus macht sich selbst nämlich ein ganz besonderes Geschenk; er möchte dem Vorbild von Caesar und Augustus nacheifern, denen zu Ehren (freilich nach ihrem Tod) jeweils ein Monat des römischen Kalenders benannt wurde – die heute immer noch verwendeten Monatsnamen Juli und August. Dass der April bereits in „Commodus" umbenannt worden ist, reicht ihm im Jahr 192 nicht mehr, und so verfügt er, dass alle zwölf Monate des Jahres einen seiner eigenen Namen tragen – genügend Familien-, Adoptiv-, Bei- und Ehrennamen besitzt er, dass das Jahr voll wird.

Ende Dezember desselben Jahres kommt es zu einer Verschwörung im Umfeld des Kaisers. Wer genau sich wann mit wem verschwört, um Commodus zu töten, ist nicht mehr rekonstruierbar. Die erhaltenen Zeugnisse liefern so vage und austauschbare Informationen, dass sie nicht wirklich als stichhaltig gelten können. Allein der Historiker Herodian liefert ein Szenario, das einigermaßen glaubhaft erscheint: Von seiner bevorzugten Geliebten Marcia wird Commodus Gift in den

Wein getan. Zunächst verliert der Kaiser auch wie geplant das Bewusstsein, und Marcia wimmelt alle Besucher ab; dass Commodus einen Rausch ausschlafen muss, scheint öfter vorzukommen. Doch aus irgendeinem Grund wirkt das Gift nicht und er erbricht sich (er hat vorher ein gehaltvolles Essen eingenommen, und entweder neutralisiert dies das Gift schon vorm Erbrechen, oder er hat sich durch ein Gegengift immunisiert – kein unübliches Vorgehen, s. S. 113 f.). Da sie nun berechtigt Angst haben muss, dass Commodus nicht stirbt, bittet sie schnell einen Bekannten herein, den großen und kräftigen Narcissus, seines Zeichens vermutlich Gladiator; und dieser fackelt nicht lange, sondern erwürgt den Kaiser mit bloßen Händen (vgl. Herodian. 1.17.8–11).

Zwar stirbt nur ein kleiner Teil der römischen Kaiser im Bett, aber dennoch weist dieses Attentat eine Besonderheit auf: Commodus' Dynastie, die antoninische, geht mit ihm zu Ende; und nicht nur, dass es keinen Erben gibt – es gibt auch sonst niemanden, der in den Startlöchern steht, um sich als Nachfolger des Kaisers anzubieten (und Commodus deshalb hätte beseitigen wollen). Dies kann nur zweierlei bedeuten: Entweder ist der Mord eine komplett spontane Tat oder er hat vor allem persönliche Beweggründe statt politische. Letzteres ist die wahrscheinlichere Variante, zumal überliefert ist, dass seine Geliebte Teil der Verschwörung ist.

Marcia oder Narcissus werden nach dem Attentat anscheinend nicht zur Rechenschaft gezogen – um mit einem dem Grundsatz des Römischen Rechts zu sprechen: *nullo actore, nullus iudex*, zu Deutsch: „Wo kein Kläger, da kein Richter." Es gibt nach dem Tod des ungeliebten Kaisers kaum jemanden, dem daran gelegen ist, Commodus' Tod zu sühnen.

Übrigens fällt Commodus nach seinem Tod der *damnatio memoriae* anheim (s. S. 16); auch die Monate des Jahres erhalten wieder ihre ursprünglichen Namen. Doch Septimius Severus, der sich nach dem Bürgerkrieg im Zweiten Vierkaiserjahr 193 gegen die Thronanwärter Didius Julianus, Pertinax, Pescennius Niger und Clodius Albinus durchsetzt, stilisiert sich selbst als Adoptivsohn des Marcus Aurelius, was ihn zum Bruder des Commodus macht – und ihn die *damnatio* wieder aufheben lässt.

Mord für die Thronfolge:
Konstantins Söhne (337 n. Chr.)

Die römische Kaiserzeit ist politisch eine äußerst unruhige Zeit. Zwischen Augustus und Konstantin I. gibt es an die 100 Kaiser und Usurpatoren, also rein rechnerisch alle drei Jahre einen neuen. Nur wenige Kaiser sterben im Bett, politische Morde sind geradezu an der Tagesordnung. Mitunter kommen Bürgerkriege hinzu, bei denen sich die Armeen verschiedener Teile des Römischen Reichs bekämpfen – so kommt es zweimal zu einem „Vierkaiserjahr" (69 und 193 n. Chr.), in dem es binnen eines Jahres vier bzw. fünf römische Kaiser gibt.

Mit Konstantin I. („dem Großen"), gibt es seit Langem erstmals wieder einen Kaiser, der Ruhe in die Politik bringt und über 30 Jahre lang regiert (auch wenn er sich die Herrschaft, einmal mehr, militärisch von seinem Widersacher Maxentius erstreiten muss). Der Letzte, der so lange auf dem Thron gesessen hat, ist in der Tat Augustus selbst gewesen. Aber die reine Dauer seiner Amtszeit ist es natürlich nicht, die Konstantin so bedeutsam macht. Er begründet eine neue Dynastie, und vor allem beginnt mit ihm die schrittweise Einführung des Christentums als römische Staatsreligion, mit der sogenannten Konstantinischen Wende (vgl. Pohlsander, 58 ff.).

Als Konstantin stirbt, hinterlässt er vier Söhne: Crispus (von seiner ersten Frau, Minervina) sowie Constantinus (= Konstantin II.), Constantius (II.) und Constans (von seiner zweiten Frau, Fausta) – zugegeben, keine sehr einfallsreiche Wahl der Namen, doch sie sollen Stabilität und Sicherheit verkörpern: Sie sind alle vom lateinischen *constare* („fest stehen, nicht weichen") abgeleitet. Schon zwanzig Jahre vor seinem Tod hat Konstantin Vorkehrungen getroffen, die sicherstellen sollen, dass seine vier Söhne ihm auf den Thron nachfolgen. Der Kaiser selbst ist über die von seinem Vorgänger Diokletian eingeführte Tetrarchie an die Macht gekommen – die Vierer-Herrschaft von zwei *Augusti* und zwei ihnen unterstellten *Caesares* hatte die Herrschaftsstrukturen im Römischen Reich wieder konsolidiert, das beinahe unter den Unruhen zerbrochen war. Zwischen 317 und 333 ernennt Konstantin alle seine Söhne, zunächst Crispus und Konstantin II., dann Constantius II. und schließlich Constans, zu *Caesares*, also praktisch seinen eigenen Unter-Kaisern. Allein Crispus scheint dem Kaiser schon zu Lebzeiten zu gefährlich zu werden – 326 lässt er ihn zusammen mit dessen Ehefrau und weiteren Verwandten aus Angst um seine eigene Position hinrichten (vgl. Brandt, 28). Aber dass Konstantin II., Constantius II. und Constans ihn beerben werden, scheint klar.

Doch im Laufe der 330er Jahre scheint er allmählich umzudenken. Warum er auf einmal auch seine eigenen Halbbrüder, die Söhne der zweiten Frau seines Vaters Constantius, Theodora, mit ins Spiel um die Thronnachfolge bringt, ist nicht klar. Ist es Altersmilde? Will er die Macht auf noch mehr Schultern verteilen?

Theodora hat Konstantins Vater drei Söhne geboren: Flavius Dalmatius, Julius Constantius und Hannibalianus. Im Jahr 333 ernennt Konstantin Dalmatius zum Konsul, 335 Julius Constantius. Noch im selben Jahr macht er Dalmatius zum *Caesar*, wie seine leiblichen Söhne, und verleiht Hannibalianus den etwas seltsam anmutenden Titel *rex regum et Ponticarum gentium* („König der Könige und Völker von Pontus") – wahrscheinlich im Vorgriff auf einen geplanten Feldzug gegen sie Sasaniden in Persien. Außerdem verheiratet er Hannibalianus mit seiner Tochter Constantina (vgl. Pohlsander, 73).

Am 22. Mai 337 stirbt Konstantin jedoch ganz überraschend, ohne dass er testamentarisch verfügt, wer nun seinen Platz als Kaiser einnehmen soll. Es spricht einiges dafür, dass er seine drei Söhne zusammen mit Dalmatius als Herrscher des Reiches sehen wollte, in einer Tetrarchie – so, wie Konstantin selbst an die Macht gekommen ist –, und dass ihm schon selbst eine bestimmte Rangordnung innerhalb dieser Viererherrschaft vorgeschwebt hat, mit Konstantinus II. und Constantius II. als *Augusti* (mit der Herrschaft über den Westen bzw. Osten des Reiches) sowie Constans und Dalmatius als untergeordnete *Caesares* (vgl. Brandt, 39). Doch wie zu erwarten, geschieht dies ohne Testament nicht einfach so von selbst. Die Machtkämpfe beginnen.

Wie so oft bei Verschwörungen sind die genauen Umstände dessen, was in den folgenden Monaten passiert, nicht abschließend zu klären. Sicher ist, dass das Militär eine entscheidende Rolle dabei spielt, wie schon so oft in den Jahrhunderten zuvor, wenn Personen auf den Kaiserthron gehievt oder von ihm gestoßen werden sollten. Und das Ziel der Verschwörung ist auch klar: Außer den leiblichen Söhnen Konstantins soll niemand übrig bleiben, der einen Anspruch auf den Thron anmelden könnte – aus welchem Grund auch immer.

Nicht ganz akkurat: Zosimos über Konstantin und die Folgen

Nachdem Konstantin auf verschiedene Weise die Menschen unterdrückt und gequält hatte, starb er an einer Krankheit, und ihm folgten seine drei Söhne, die ihm nicht Fausta, die Tochter des Maximianus Herculius geboren hatte, sondern eine andere Frau, die er wegen Ehebruchs hatte hinrichten lassen. Sie widmeten sich mehr den Freuden der Jugend als dem Staatsdienst und begannen damit, dass sie die Nationen unter sich aufteilten. […] Es gab noch andere, die an der Regierung teilhatten; Dalmatius, den Konstantin zum *Caesar* gemacht hatte, Constantius, dessen Bruder, und Hannibalianus, die alle Gewänder aus Purpur mit goldenen Stickereien trugen, und die von Konstantin in den Stand der *nobilissimates* erhoben worden waren, aus Respekt davor, dass sie seiner eigenen Familie angehörten.

Da also das Reich geteilt war, zeigte sich, dass Constantius seinem Vater in Gottlosigkeit in nichts nachstand, und er begann das Blut seiner nächsten Verwandten zu vergießen. Zuerst ließ er Constantius, den Bruder seines Vaters, von Soldaten ermorden; dann ließ er Dalmatius das gleiche Schicksal erleiden und auch Optatus, den Konstantin ebenfalls in den Stand der *nobilissimates* erhoben hatte. […] Zu dieser Zeit wurde auch der Hofpräfekt Ablabius getötet; aber das war eine gerechte Strafe, denn dieser hatte den Mord am Philosophen Sopatros angeordnet, aus Neid auf dessen Vertrautheit mit Konstantin. All seinen Verwandten gegenüber verhielt er sich unnatürlich, so auch Hannibalianus; und er ließ seine Soldaten ausrufen, dass sie keinen Befehlshaber akzeptieren würden, der kein Sohn Konstantins sei. Das waren die Taten des Constantius.

Zos. *hist.* 2.57–58

Flavius Dalmatius und Julius Constantius, Konstantins Halbgeschwister, sind die ersten, die nach Konstantins Tod ermordet werden, und vielleicht auch Hannibalianus (der eventuell aber schon vor Mai 337 stirbt, hier gibt es wenige Hinweise). In einer zweiten Mordwelle werden vier Neffen Konstantins umgebracht (vgl. Brandt, 40) und auch ein paar Beamte, so Konstantins Schwager Flavius Optatus und der Offizier Ablabius, wahrscheinlich als Anhänger von Dalmatius (vgl. Mommsen, 526). Im August 337 ist kein potenzieller Widersacher mehr übrig. Ob die Mordwelle von den überlebenden Söhnen veranlasst worden ist oder ob das Heer aus eigenem Antrieb zur Tat geschritten ist, aus falsch verstandener Loyalität zum alten Kaiser, kann nicht geklärt werden. Immerhin muss sich Constantius II. später von Persönlichkeiten wie dem späteren Kaiser Julian, Ammianus Marcellinus oder Bischof Athanasius von Alexandria den Vorwurf anhören, er habe Mitglieder seiner eigenen Familie umbringen lassen (vgl. Athan. *hist. Arian.* 69.1). Und auch der Historiker Zosimos gibt Constantius II. die Hauptschuld – und dem Heer, das sich geweigert habe, unter jemand anderem als einem Sohn des Konstantin zu dienen (vgl. Zos. *hist.* 2.57). Doch sind alle diese politische Feinde Constantius' II., so dass man auf ihre Wertung vielleicht nicht allzu viel geben darf.

Zunächst stellt sich ohnehin der gewünschte Erfolg ein: Das römische Heer ernennt Konstantin II., Constantius II. und Constans zu *Augusti*, also den neuen Kaisern Roms, und am 9. September zieht der Senat nach und macht die Thronfolge offiziell. Die drei Brüder teilen das Reich untereinander auf. Aber so blutig, wie die neuen Herrscher an die Macht gekommen sind, geht es auch weiter in der Geschichte – im Jahr 340 zieht Konstantin II. gegen seinen Bruder Constans zu Felde, stirbt dabei jedoch selbst. Und 350 schließlich wird auch Constans ermordet, von einem Offizier, der sich nach ihm als Usurpator auf den Thron schwingt. Ausgerechnet Constantius II. kann sich im folgenden Auf und Ab durchsetzen, bis auch er im Jahr 361 im Alter von 44 Jahren stirbt, nach vielen Jahren der Feldzüge und Kriege innerhalb des Römischen Reichs, das nunmehr wieder so unruhig ist wie vor der Regierungszeit seines Vaters.

Christlicher Ketzer:
Priscillian (385 n. Chr.)

Die Inquisition gehört zu den dunkelsten und unrühmlichsten Kapiteln der Kirchengeschichte. Doch was man im Allgemeinen mit dem Spätmittelalter in Verbindung bringt, gibt es in anderer Ausprägung schon rund 1000 Jahre zuvor. Dies zeigt der Fall des Bischofs Priscillian, der einen traurigen Rekord hält: Er ist der Erste, der von der christlichen Kirche als Ketzer verurteilt und hingerichtet wird.
Im 3. Jahrhundert n. Chr. erlebt das Römische Reich eine seiner größten gesellschaftlichen Krisen. Nur noch mit Gewalt kann die Staatsmacht unter den sogenannten Soldatenkaisern ein Auseinanderbrechen der römischen Gesellschaft verhindern. Dies hat das Reich von Grund auf verändert. Zudem hat sich seit Mitte des 3. Jahrhunderts das Christentum (trotz der schlimmen Christenverfolgung unter Diocletian) immer weiter ausgebreitet. So ist es zu Beginn des 4. Jahrhunderts eigentlich nur eine Frage der Zeit, „wann dieses Herrschaftssystem mit der wichtigsten neuen geistigen Strömung, dem Christentum, einen Kompromiß finden" wird (Alföldy, 153). Am 30. April 311 wird die Religion der Christen im Toleranzedikt des römischen Kaisers Galerius öffentlich und rechtlich anerkannt – er hat noch wenige Jahre zuvor selbst die Christen verlogen lassen, aber eine schwere Erkrankung und der Wunsch, das Römische Reich zu stabilisieren, lassen ihn kurz vor seinem Tod umdenken; die Gesellschaft hat sich ohnehin schon langsam an ein Nebeneinander mit den Christen gewöhnt, vor allem im Osten ist die Religion stark verbreitet (vgl. Clauss, 27 f). Nur zwei Jahre später geht der neue Kaiser, Konstantin I., noch weiter und sichert in der Mailänder Vereinbarung allen Religionen im Reich die Glaubensfreiheit zu. Im Jahr 325 beruft Konstantin das erste Konzil von Nicäa ein, bei dem es um die Frage der Dreieinigkeit geht. In der Folgezeit werden Kirchenvertreter, die an ihrer alten abweichenden Meinung festhalten, bestraft – Arius, der Namensgeber der arianischen Glaubensrichtung, die auf dem Konzil als falsch erklärt wurde, und mit ihm zwei seiner Anhänger, zwei Bischöfe, sind die ersten, die nach Nicäa kirchenrechtliche Konsequen-

zen spüren: Sie müssen ins Exil gehen (vgl. Fournier, 158). Und doch gibt es auch in Zukunft immer wieder Menschen, denen die Vorgaben der staatlichen Kirche bezüglich ihres (christlichen) Glaubens nicht ausreichen. Einer von diesen ist Priscillian.

Über Priscillians Leben wissen wir nicht viel. Das, was wir wissen, stammt größtenteils aus kirchlichen Quellen und ist, wie man sich angesichts des Themas denken kann, nicht sehr schmeichelhaft. Einiges ist zudem durch Sulpicius Severus erhalten, den Biographen des heiligen Martin von Tours (der später noch eine Rolle spielen wird) – auch wenn Severus eine negative Sicht Priscillians zeitigt, ihn als Frauenheld und Heuchler darstellt (vgl. König, 194). Dennoch ist man heute glücklicherweise in der Lage, die Person des Priscillian und die Verbrechen, die ihm zur Last gelegt worden sind, einigermaßen objektiv zu beurteilen. Noch zu Beginn des 20. Jahrhunderts stellten katholische Enzyklopädien Priscillian in einem äußerst negativen Licht dar.

Sulpicius Severus über Priscillian

Von diesen wurde Priscillian eingesetzt, aus einer vornehmen Familie, reich und begütert, scharfzüngig, ein unruhiger Geist, redegewandt, äußerst belesen und sehr schlagfertig bei der Rede und bei Diskussionen.

Es ist wahrlich ein Glück, wenn ein so guter Geist nicht durch die Beschäftigung mit dem Verkehrten verdorben worden ist; und durchaus konnte man bei ihm sowohl in Bezug auf seinen Geist als auch seinen Körper viel Gutes entdecken. Er konnte es ertragen, lange wach zu sein und Hunger und Durst zu leiden, wollte wenig besitzen und dies sparsam verwenden. Aber zugleich war er äußerst unglaubwürdig und aufgrund seiner Kenntnis unheiliger Dinge hochmütiger, als es ihm zukam.

Als seine Glaubensrichtung auf verderbliche Weise anwuchs, versammelte er viele Adlige und auch viele einfache Leute in seiner Gemeinschaft, durch seine große Überzeugungskraft und durch kunstfertige Schmeichelei. Außerdem kamen Frauen scharenweise zu ihm, die begierig waren, neue Dinge kennenzulernen, Frauen von geringer Treue und neugierig auf alles Mögliche.

Sulp. Sev. 2.46.1–2

Priscillian, geboren 340 n. Chr., stammt aus dem spanischen Ávila. Er ist ein frommer Mann aus einer wohlhabenden kastilischen Familie. Als Priscillian auf die Welt kommt, ist das ökumenische Konzil von Nicäa erst 15 Jahre her und der Tod Kaiser Konstantins erst drei. Die Toleranz, die der altrömischen „heidnischen" Staatsreligion zu eigen gewesen ist, die immer wieder Verbindendes mit den regionalen Religionen des Römischen Reichs gesucht hat, findet sich im Christentum nicht wieder. Zwar hat auch die katholische Liturgie Elemente v. a. des römischen Mysterienkults aufgenommen (von Kerzen und Weihrauch über den Altar bis hin zu Ministranten und Anbetung der Mutter Gottes), aber inhaltlich grenzt man sich um jeden Preis ab. Eine Generation nach Priscillian wird der oströmische Kaiser Theodosius schließlich alle anderen Religionen und Glaubensströmungen verbieten.

Priscillian, „gebildet, fleißig, beredt und charakterlich tadellos, aber entsetzt über die Laxheit des Klerus" (Deschner, 435), ist ein kirchlicher „Laie", das heißt, er bekleidet kein offizielles Amt in der Kirche. Dennoch setzt er sich viel mit dem christlichen Glauben auseinander. Zur Maxime macht er sich einen Leitsatz aus den Korintherbriefen: „Oder wisset ihr nicht, dass euer Leib ein Tempel des Heiligen Geistes ist?" (1 Kor 6.19). Er vertritt eine christliche Lehre, die in ihrem Ansatz versucht, zu den Ursprüngen des Christentums zurückzukehren: strenge Askese, Vegetarismus und Enthaltsamkeit in der Ehe, wenn nicht sogar Zölibat; außerdem spricht er sich dafür aus, Frauen gleichberechtigt in die Kirche aufzunehmen. Einige seiner Lehren zieht er aus Büchern der Bibel, die zu den Apokryphen zählen, d. h. sie sind nicht (mehr) offiziell als Teil des biblischen Kanons anerkannt.

Im selben Maße, wie Priscillians Lehren an Einfluss gewinnen, gerät er in die Schusslinie. Vielen offiziellen Kirchenvertretern passt seine Richtung nicht. Man bringt sie in Verbindung mit dem Manichäismus, einer streng asketischen Sekte aus dem Osten des Reiches, die unter Kaiser Gratian verboten wird. Aber vor allem bangt die noch nicht allzu lang etablierte Kirche um ihre Vormachtstellung. Bald werden gezielt Gerüchte in die Welt gesetzt, die dem Ansehen Priscillians schaden sollen.

Derweil gewinnt dieser mehr und mehr Anhänger, darunter auch zwei Bischöfe. Er bewegt sich auf gefährlichem Terrain und weiß dies sicherlich auch selbst, doch muss er natürlich seiner Glaubensüberzeugung nach handeln. Im Jahr 380 v. Chr. werden die zwei Bischöfe, die sich Priscillian angeschlossen haben, vor die Bischofssynode in Saragossa geladen und von Bischof Ithacius von Ossonoba exkommuniziert – auch deshalb, weil sie gar nicht erst erschienen sind. Der Ankläger, Bischof Ydacius von Merida, spricht auf der Synode von Magie und Zauberei sowie von ausschweifenden sexuellen Orgien der Priscillianer. Mit Hilfe dieser Vorwürfe glaubt man, die wachsende christliche Sekte mundtot machen zu können.

Doch auch wenn die Luft für ihn immer dünner wird, lässt sich Priscillian nun selbst zum Bischof von Ávila wählen. Und es dauert nicht lange, bis man auch ihn vorlädt – die Anklage: Ketzerei. Ithacius von Ossonoba ist zwar inzwischen selbst nicht mehr unumstritten, aber dennoch wird Bischof Priscillian des Amtes enthoben und verlässt Spanien. Zusammen mit seinen zwei zuvor exkommunizierten Anhängern macht er sich auf die Reise, um bei Papst Damasus I. persönlich vorzusprechen. Aber nach der beschwerlichen Reise stehen sie vor verschlossenen Türen: Der Papst gewährt ihnen keine Audienz. Doch nun kommt Unterstützung von anderer, ebenfalls einflussreicher Seite. Einer der wichtigsten Beamten Kaiser Gratians schlägt sich auf die Seite der Priscillianer und erwirkt, dass die Verurteilungen aufgehoben werden. Stattdessen muss nun Bischof Ithacius von Ossonoba Spanien verlassen; doch er gibt den Kampf gegen Priscillian und seine Ideen nicht auf.

Kurz Zeit später wird der Usurpator Magnus Maximus weströmischer Kaiser. Priscillian will sich mit einem Gnadengesuch an Maximus wenden, aber er schätzt die Lage vollkommen falsch ein – Maximus, der seinen Vorgänger Gratian hat ermorden lassen, braucht zwar Unterstützer, aber natürlich aus den Reihen der etablierten Kirchenkräfte und nicht in der Person eines als Ketzer bekannten Bischofs (vgl. Fournier, 159). Stattdessen schafft Maximus' Politik, auch und gerade die Kirchenpolitik, ein noch gefährlicheres Klima für abweichende Meinungen.

Der Fall Priscillian wird nun noch einmal neu aufgerollt: Als Rechtsgrundlage dienen das alte Edikt Kaiser Gratians gegen die Manichäer und das neue theodosianische Gesetz gegen Ketzerei, dessen Anwendung gerade erst von der Trierer Synode genehmigt worden ist. Ort der Verhandlung ist zunächst Bordeaux, dann Trier. Die Vorwürfe: der Bischof habe sich der Magie (*maleficium*) bedient, sich „nachts mit liederlichen Frauen" getroffen und „nackt gebetet" (Sulp. Sev. 2.50.8). Angesichts Priscillians religiöser Überzeugungen sind solche Anschuldigungen natürlich geradezu grotesk.

In Trier findet sich ein weiterer prominenter Fürsprecher für den verfolgten Bischof: Der legendäre St. Martin, Bischof Martin von Tours, appelliert persönlich an Kaiser Maximus, das Verfahren gegen Priscillian zu beenden. Der Kaiser kann nicht anders, als sich den Wünschen Martins zu beugen und das Verfahren zu beenden. Doch die Anhänger Priscillians freuen sich zu früh: Nachdem Martin Trier wieder verlassen hat, wird Priscillian erneut vor das Trierer Tribunal geladen. Unter Folter gesteht der Bischof seine Verbrechen, und nun erfolgt, zum ersten Mal in der Geschichte überhaupt, ein Todesurteil gegen einen Christen wegen Ketzerei (vgl. Deschner, 436).

Priscillian wird hingerichtet. Viele Würdenträger der Kirche sind entsetzt, darunter natürlich auch Martin von Tours. Den höchsten Stellen gegenüber spricht er sein Entsetzen angesichts dieses Vorgehens aus, auch dem Kaiser. Und er versucht auch ein weiteres Vorhaben des Kaisers zu verhindern: Dieser will Beamte mit weitereichenden Befugnissen nach Spanien schicken, die die Anhänger Priscillians als Häretiker festnehmen sollen – diese Maßnahme soll mithelfen, die prekäre Lage der Staatskasse zu verbessern. Tatsächlich wird Priscillian noch im Jahr 400 auf dem Konzil von Toledo von führenden Klerikern unter Bischof Herenas zum heiligen Märtyrer erklärt – man muss kaum noch erwähnen, dass sie alle abgesetzt werden (vgl. Deschner, 347).

Martin von Tours bangt aber nicht nur um die Priscillianer – auch andere asketisch lebende Christen könnten so in die Mühlen der Justiz geraten, deren Äußeres bereits verrät, dass sie asketisch leben (vgl. König, 381). Martins Sorgen sind berechtigt, und er muss einsehen, dass eine Grenze überschritten worden ist: Zum ersten Mal hat ein weltliches Gericht einen Kirchenvertreter in einer prinzipiell innerkirchlichen Angelegenheit verurteilt und eine weltliche Strafe verhängt. Seit Konstantin genießen Bischöfe eigentlich eine relative Immunität, und so sind Abweichler bis im schlimmsten Fall exkommuniziert und ins Exil geschickt worden (vgl. Fournier, 160).

Aber das Rad der Geschichte lässt sich nicht zurückdrehen, es ist ein Präzedenzfall, der Schule machen soll. In der Zukunft wird es immer häufiger Fälle geben, bei denen Menschen von kirchlichen Gerichten verurteilt und danach der weltlichen Macht überstellt werden, um sie zu bestrafen. Dieses Vorgehen wird in der Heiligen Inquisition und der Hexenverfolgung ihren Höhepunkt finden.

Mord an der letzten Philosophin: Hypatia (415 n. Chr.)

Mit dem Schauplatz des letzten hier vorzustellenden Falls schließt sich in mancher Hinsicht ein Kreis. Wir befinden uns wieder in Ägypten, genauer: in Alexandria. Die Hauptfigur des letzten „Kriminalfalls", Hypatia, kommt im Jahr 355 hier zur Welt. Sie wird die Stadt ihr ganzes Leben lang nicht verlassen – und warum sollte sie auch? Alexandria ist eine blühende Stadt, die drittgrößte des Römischen Reichs, Sitz des Provinzpräfekten, wohlhabend und angesehen (vgl. Dzielska, 66). Seit der hellenistischen Zeit, immerhin bereits 700 Jahre zuvor, gilt Alexandria mit seiner berühmten Bibliothek als eines der geistigen und wissenschaftlichen Zentren. Nicht einmal Athen kann dieser Stadt damals den Rang ablaufen. Für eine Philosophin und Mathematikerin gibt es zu dieser Zeit schlichtweg keine geeignetere Wirkungsstätte.

Auch wenn im letzten Kapitel der Eindruck entstanden sein mag, Ende des 4. Jhs. sei das Römische Reich bereits vollständig christianisiert, so wird doch immer noch die alte römische Staatsreligion praktiziert. Dennoch hat sich der neue Kult der Christen in den vergangenen Jahrhunderten immer weiter ausgebreitet, und seit dem Toleranzedikt ist er als Religion anerkannt und zugelassen (s. S. 125). Doch erst unter Kaiser Theodosius wird das Christentum tatsächlich zur Staatsreligion des Römischen Reichs – durch das Dreikaiseredikt im Jahr 380.

Zu dieser Zeit ist Hypatia Mitte zwanzig. Zwar hat von ihren Schriften nichts überlebt, aber wir wissen, dass sie neben Mathematik und Astronomie (wie schon ihr Vater Theon) auch die neuplatonische Philosophie, Ontologie und Ethik lehrt (vgl. Dzielska, 54). Hypatia entwickelt sich zu einer bekannten und angesehenen Privatgelehrten, die mit ihren Schülern nicht nur die Bewegungen der Planeten im Weltall diskutiert, sondern auch die Lehren des Sokrates oder Aristoteles.

Zehn Jahre später kommt es zu schweren Unruhen in Alexandria – ein religiöser Konflikt zwischen Anhängern der Staatsreligion und Christen, der auf offener Straße ausgetragen wird. Das bedeutendste Heiligtum der Stadt, das Serapeion (also der Tempel des Serapis), rückt in den Mittelpunkt des Geschehens, als sich die Alexandrier hier verschanzen, mit zahlreichen Christen als Geiseln. Die Situation ist so zugespitzt, dass Kaiser Theodosius (der in Byzanz sitzt) persönlich ein Machtwort sprechen muss – natürlich will er die Situation schlichten und verkündet, er werde die gegenseitigen Morde nicht weiter verfolgen. Doch er verfügt, dass das Serapeion zerstört wird (vgl. Leppin, 169 ff.); dass in Alexandria weit mehr durch die Christen gestürmt und zerstört wird als nur der Serapis-Tempel, geschieht natürlich nicht auf ausdrückliche Anordnung des Kaisers, aber sicher mit seiner Billigung. Dazu gehört auch eine großangelegte Bücherverbrennung, denn im Serapeion werden auch unzählige Schriftrollen mit den Werken griechisch-römischer Philosophen, Wissenschaftler und Schriftsteller aufbewahrt.

Man darf nicht vergessen, dass der Kaiser selbst Christ ist: Diese Zerstörung des „heidnischen" Tempels und vieler anderer Einrichtungen wie auch der Literatur in Alexandria ist nur ein Vorbote der Geschehnisse im gesamten Römischen Reich. Denn bereits im Jahr darauf gibt Theodosius ein neues Edikt heraus: Ab sofort wird die Verehrung von Jupiter, Apollo & Co. komplett unter Strafe gestellt. Das Christentum ist nunmehr die einzig anerkannte Religion. Den Bewohnern des Reiches bleibt nichts weiter übrig, als zu konvertieren – ab sofort gibt es in Städten wie Alexandria stattdessen vermehrt Spannungen zwischen Christen und Juden, die sich nicht taufen lassen wollen, weil sie mit Recht behaupten, Christus sei ja ebenfalls Jude gewesen.

Am 15. Oktober 412 bekommt Alexandria einen neuen Patriarchen: Kyrillos tritt die Nachfolge seines Onkels an, des Erzbischofs Theophilos; die Zerstörung der „heidnischen" Einrichtungen Alexandrias, die über die kaiserliche Anordnung hinausgingen, sind maßgeblich auf Theophilos zurückzuführen gewesen, aber Kyrillos steht ihm in nichts nach. Es scheint, als wolle er jetzt, wo die steinernen Zeugen der unchristlichen Vergangenheit beseitigt sind, gegen ihre lebenden Vertreter zu Felde ziehen – und das sind die Wissenschaftler, Philosophen und Dichter, die in Alexandria noch immer leben, forschen und lehren (vgl. Dzielska, 21 f.).

Hypatia ist trotz allem mittlerweile eine feste Institution Alexandrias. Von weit her kommen junge Männer, um ihre Vorlesungen zu besuchen. Es ist klar, dass sie nun unweigerlich in den Fokus des neuen Patriarchen rückt. In der Tat lässt sich der zu dieser Zeit in der griechisch-römischen Philosophie zentrale Neuplatonismus schlecht mit den Werten des Christentums vereinbaren. Auch wenn streng genommen nur die Ausübung der religiösen Kulthandlungen der alten Religion verboten sind und verfolgt werden, so fürchtet Kyrillos sicherlich, dass die charismatische Philosophin den Siegeszug des Christentums wenn nicht aufhalten, so doch zumindest verlangsamen könnte – denn in den Köpfen der meisten Menschen verankert ist der neue Glaube noch nicht, auch wenn er ihnen von oben als Religion verordnet worden ist. Jede Gefahr für die neue Staatsreligion soll aus dem Weg geräumt werden.

Die satanische Gelehrte – Bischof Johannes von Nikiu über Hypatia

Und in jenen Tagen erschien in Alexandria eine heidnische Philosophin namens Hypatia, und sie widmete sich die ganze Zeit der Magie, Astrolabien und Musikinstrumenten, und sie betrog viele Menschen durch ihre satanischen Tücken. Und der Statthalter ehrte sie über die Maßen, denn sie hatte ihn mittels Magie verführt. Und er hörte damit auf, in die Kirche zu gehen, wie er es zuvor immer getan hatte. […] Und eine Menge Gottesfürchtiger begehrte auf, unter der Führung des Magistrats Petrus – eines Mannes, der in jeder Hinsicht aufs Beste an Jesus Christus glaubte; und sie suchten nach der heidnischen Frau, die die Menschen der Stadt und den Präfekten durch ihre Zaubereien verführt hatte. Und als sie erfuhren, wo sie sich aufhielt, gingen sie dorthin und fanden sie in einem Stuhl sitzen. Sie veranlassten sie, hinabzusteigen, und schleppten sie durch die Straßen bis zur großen Kirche, die „Kaisarion" hieß. Sie rissen ihr die Kleider vom Leib schleiften sie durch die Straßen, bis sie starb. Dann trugen sie sie an einen Ort namens „Kinaron", und sie verbrannten ihren Leichnam im Feuer. Und das ganze Volk umringte den Patriarchen Kyrillos und nannte ihn den „neuen Theophilos", denn er hatte die letzten Überreste von Götzenverehrung in der Stadt vernichtet.

Joh. Nik. chron. 84.87–103

Der letztliche Anlass dafür, gegen Hypatia persönlich vorzugehen, entsteht offenbar aus einem schwerwiegenden Konflikt zwischen Christen und Juden in Alexandria. Hierbei stehen sich der römische Statthalter Orestes und der neue Patriarch Kyrillos gegenüber, dessen militante und fanatische Mönchssekte zahlreiche Juden tätlich angegriffen hat. Kyrillos beschuldigt nun Orestes, mit den Nicht-Christen gemeinsame Sache zu machen. Vermutlich lässt der Patriarch nun verbreiten, Hypatia stecke hinter allem und flüstere Orestes ein, sich gegen die Christen zu stellen.

Von Kyrillos' öffentlicher Diffamierung aufgestachelt, versammelt sich im März des Jahrs 415 ein wütender Mob, um Hypatia zu lynchen. Sie zerren sie aus entweder aus ihrem Haus oder aus ihrer Schule, schleppen sie zur Kirche, entkleiden sie, töten sie – nach verschiedenen Überlieferungen wird sie entweder gesteinigt, mit Tonscherben lebendig gehäutet und in Stücke gerissen oder durch die Straßen totgeschleift. Danach verbrennen sie ihren toten Körper (vgl. Joh. Nik. 84, Sokr. Schol. 4.15). Die Häutung oder Zerstückelung des Fleisches mit Tonscherben entspricht dabei der gängigen Praxis der Bestrafung überführter Hexen (vgl. Matyszak/Berry, 275), vielleicht mag diese Überlieferung deshalb zutreffen, vielleicht auch gerade deshalb Konjektur sein.

Ist Kyrillos nun direkt für Hypatias Tod verantwortlich? Ist es gar ein direkter Auftragsmord? Haben seine fanatischen Mönche den Mord ausgeführt oder eine wütende Volksmenge? Viele Fragen, die sich heute nicht mehr beantworten lassen, denn natürlich sind alle nachfolgenden Quellen christliche Quellen, und bis zur Neuzeit wagt es in der Literatur niemand, sich auf Hypatias Seite zu stellen.

Gleichwohl ist Hypatia durch die Jahrhunderte in vielerlei Weise instrumentalisiert worden. Als die Kirche etwa ein halbes Jahrtausend nach ihrem Tod feststellt, dass es in ihren Schriften wichtige Passagen gibt, versucht man, sie nachträglich zur Christin zu stilisieren, die von den „Heiden" umgebracht worden ist (vgl. Chotjewitz, 85). Andersherum dient Hypatia nach der Reformation als Mittel zum Zweck in Traktaten gegen die katholische Kirche: In seiner kurzen Monografie mit dem langen Titel *Hypatia. Or, the history of a most beautiful, most vertuous, most learned and every way accomplish'd Lady who was torn to Pieces by the Clergy of Alexandria, to gratify the Pride, Emulation, and Cruelty of their Archbishop, commonly but undeservedly stiled St. Cyril* würdigt der britische Philosoph John Toland Hypatia, auch wenn naturgemäß viel von seiner Darstellung hinzugedichtet ist. Man sieht, dass das Buch zu einer Zeit entsteht, in der die Verehrung der Antike, ihrer Kunst, Schriftsteller und Philosophen, in Großbritannien auf einem Höhepunkt ist – Anfang des 18. Jahrhunderts. Dass Kyrillos gleich im Titel des Werks als „unverdientermaßen heiliggesprochen" bezeichnet wird, verrät aber ohne Umschweife die Tendenz seiner Schrift, die sich in erster Linie gegen die katholische Kirche richtet. Und doch hat Toland in mancher Hinsicht Recht: Die Tötung Hypatias ist nichts weniger als ein vorsätzlicher Mord, begangen durch religiös motivierte Eiferer, angeführt (oder zumindest gebilligt) von einem Mann, der die Anhänger der alten Kulte ebenso hasst wie er die Juden verachtet – was die Kirche später nicht von der „Heiligsprechung des Massenmörders Kyrillos" abhält (Chotjewitz, 46).

Künstlerische Darstellungen Hypatias gibt es zuhauf; eine solche Persönlichkeit und ein so tragisches Schicksal scheinen die Kreativität tatsächlich zu beflügeln. Nur zwei Beispiele seien hier herausgegriffen: Charles William Mitchells Gemälde *Hypatia* (1885) zeigt die (noch lebende) Philosophin, als sie von ihren Mördern zum Altar geschleppt worden ist; sie ist nackt, ihr Gewand liegt vor ihr auf dem Boden, und sie bedeckt ihren bleichen Körper zum Teil mit ihrem knielangen, rotblonden (!) Haar, das sie mit dem rechten Arm vor sich rafft. Mit dem linken macht sie eine Geste gen Himmel. In ihrem Gesicht paaren sich Verzweiflung und Resignation mit einem seltsamen Ausdruck der Ruhe. Das Wissen darum, dass die Abgebildete in wenigen Momenten auf so grausame Weise getötet werden wird, gibt dem Bild eine ganz besondere Aura.

Eine etwas andere Darstellung der Philosophin zeigt Alejandro Amenábars Historienfilm *Agora* (dt. *Agora – die Säulen des Himmels*, 2009). Auch wenn seinem Film – nicht ganz zu Unrecht – anti-christliche Tendenzen unterstellt werden, tappt Regisseur Amenábar nicht in die Falle, Hypatia (dargestellt von Rachel Weisz) einen anachronistisch wirkenden feministischen Anstrich zu geben. Zugegeben, im Film muss wohl die Tötung einer so bekannten Frau einen triftigeren Grund haben, und so verliest Kyrillos (Sami Samir) öffentlich eine Stelle aus dem Neuen Testament, in der steht: „Eine Frau soll sich still und in aller Unterordnung belehren lassen. Dass eine Frau lehrt, erlaube ich nicht, auch nicht, dass sie über ihren Mann herrscht; sie soll sich still verhalten" (1. Tim 2.12–13). Dies wird im Film zum Aufhänger für die fanatische Christensekte, Hypatia am Ende zu ermorden – was als Motivation natürlich gänzlich unbelegt ist (aber nicht ganz unrealistisch). Amenábars Hypatia ist eine starke Frau, die sich gegen den ihr aufoktroyierten christlichen Glauben wehrt und öffentlich erklärt, sie glaube nicht an Götter, sondern an die Philosophie – dass sie nicht dann am stärksten wirkt, wenn ihr und den anderen „Heiden" Unrecht angetan wird, sondern immer dann, wenn sie astronomische Entdeckungen macht, verleiht ihr im Film zwar auch eine gewisse Verletzlichkeit, aber zugleich eine große Glaubwürdigkeit.

In *Agora* entdeckt Hypatia, dass die Erde in einer Ellipse um die Sonne kreist – der Film endet mit dem Hinweis, dass ihre Hypothese erst 1200 Jahre später durch Johannes Kepler wieder aufgenommen wird. In seiner Symbolkraft ist der Mord an Hypatia weit mehr als nur der Mord an einer Person; wie schon die Zerstörung Alexandrias durch die Christen ist die Tötung der Philosophin geradezu eine Metapher für das Ende der Antike und ihrer Zivilisation. Mit ihrem Tod beginnt der Weg vom Licht der Erkenntnis ins Dunkel des Glaubens, der Weg von der Spätantike ins finstere christliche Mittelalter.

Liste der Abkürzungen antiker Autoren und Werke

Die Abkürzungen richten sich nach den allgemein üblichen des Neuen Pauly (DNP). Autoren, von denen nur ein Werk überliefert ist (zum Beispiel Herodot), werden nur mit Namen zitiert.

Aristot. *pol.*	Aristoteles, *politeia* („Staat")
Athan. *hist. Arian.*	Athanasius, *historia Arianorum ad monachos* („Geschichte der Arianer an die Mönche")
Athen. *deipn.*	Athenaios, *deipnosophistai* („Gastmahl der Gelehrten")
Cass. Dio	Cassius Dio, *historia Romana* („Römische Geschichte")
Cic. *Att.*	Cicero, *epistulae ad Atticum* („Briefe an Atticus")
Cic. *Cat.*	Cicero, *orationes in Catilinam* („Reden gegen Catilina")
Cic. *Pis.*	Cicero, *oratio in L. Pisonem* („Rede gegen Lucius Piso")
Cic. *S. Rosc.*	Cicero, *oratio pro Sex. Roscio Amerino* („Rede für Sextus Roscius aus Ameria")
Cic. *Verr.*	Cicero, *orationes in Verrem* („Reden gegen Verres")
Diod.	Diodorus Siculus, *bibliotheca historica* („Historische Bibliothek")
Diog. Laert.	Diogenes Laertios, *de clarorum philosophorum vitis* („Über das Leben berühmter Philosophen")
Hdt.	Herodot, *historiae* („Geschichte")
Herodian.	Herodian, *ab excessu divi Marci* („Ab dem Tod des vergöttlichten Marcus [Aurelius]")
Ios. *ant. Iud.*	Flavius Josephus, *antiquitates Iudaicae* („Jüdische Altertümer")
Ios. *bell. Iud.*	Flavius Josephus, *bellum Iudaicum* („Der jüdische Krieg")
Joh	Johannes-Evangelium

Joh. Nik. chron.	Johannes von Nikiu, *chronica* („Chroniken")
Kor	Korinther-Briefe
Lex XII tab.	*lex* (oder *leges*) *duodecim tabularum* („Zwölftafelgesetz [e]")
Lk	Lukas-Evangelium
Mt	Matthäus-Evangelium
Plat. *apol.*	Platon, *apologia* („Apologie")
Plat. *Krit.*	Platon, *Kriton*
Plat. *leg.*	Platon, *leges* („Gesetze")
Plat. *Phaid.*	Platon, *Phaidon*
Plut. *Crass.*	Plutarch, *Crassus*
Plut. *Eum.*	Plutarch, *Eumenes*
Ps.-Dem.	Pseudo-Demosthenes, *orationes* („Reden")
Sokr. Schol.	Sokrates Scholastikos, *historia ecclesiastica* („Kirchengeschichte").
Suet. *Aug.*	Sueton, *divus Augustus* („Vergöttlichter Augustus")
Suet. *Iul.*	Sueton, *divus Iulius* („Vergöttlichter Julius [Caesar]")
Suet. *Nero*	Sueton, *Nero*
Suet. *Tib.*	Sueton, *divus Tiberius* („Vergöttlichter Tiberius")
Sulp. Sev.	Sulpicius Severus, *historia sacra* („Heilige Geschichte")
Tac. *ann.*	Tacitus, *annales* („Annalen")
Vell.	Velleius Paterculus, *historiae Romanae* („Römische Geschichten")

Literatur

ALLGEMEINES

Hubert Cancik (Hrsg.): Der Neue Pauly. Enzyklopädie der Antike, Stuttgart 1996–2003 (= DNP)
Hans-Joachim Gehrke und Helmuth Schneider (Hrsg.): Geschichte der Antike, Stuttgart ²2006.
Jens-Uwe Krause: Kriminalgeschichte der Antike, München 2004
Ulrich Manthe: Die Rechtskulturen der Antike. Vom Alten Orient bis zum Römischen Reich, München 2004
Konrat Ziegler und Walther Sontheimer (Hrsg.): Der kleine Pauly. Lexikon der Antike, München 1979 (= DKP)

ÄGYPTEN

Jan Assmann: Das kulturelle Gedächtnis. Schrift, Erinnerung und politische Identität in frühen Hochkulturen, München ⁵2005
James Henry Breasted: Development of Religion and Thought in Ancient Egypt, New York 1912
Bob Brier: Der Mordfall Tutanchamun, München ⁶2001
Zahi Hawass: Inside the Egyptian Museum with Zahi Hawass, Kairo 2010
Hermann Alexander Schlögl: Das Alte Ägypten. Geschichte und Kultur von der Frühzeit bis zu Kleopatra, München 2006
Ian Shaw: The Oxford history of ancient Egypt, Oxford 2003
David P. Silverman, Josef W. Wegner und Jennifer Houser Wegner: Akhenaten & Tutankhamen. Revolution & Restoration, Philadelphia 2006
Heiko Steuer: Streifzüge durch die frühen Hochkulturen. Ein historisches Lesebuch, München ²1997

Klaas R. Veenhof: Geschichte des Alten Orients bis zur Zeit Alexanders des Großen, Göttingen 2001
Pascal Vernus: Affairs and Scandals in Ancient Egypt, Cornell 2003
Rainer Wagner: Das Wunder der Entdeckung, in: Jürgen Settgast (Hrsg.): Tutanchamun, Mainz 1980

GRIECHENLAND

Friedrich Blass: Die attische Beredsamkeit, Bd. 3: Demosthenes, Leipzig ²1893
James N. Davidson: Kurtisanen und Meeresfrüchte. Die verzehrenden Leidenschaften im klassischen Athen, Berlin 1999
Elizabeth Donnelly Carney: Olympias. Mother of Alexander the Great, New York 2006
Günter Figal: Sokrates, München ³2006
Michael Gagarin: Writing Greek law, Cambridge 2004
Debra Hamel: Der Fall Neaira. Die wahre Geschichte einer Hetäre im antiken Griechenland, Darmstadt 2004
Konstantinos A. Kapparis: Apollodoros ‚Against Neaira' [D. 59], Berlin/New York 1999
Marjorie Lightman und Benjamin Lightman: A to Z of ancient Greek and Roman women, New York ²2008
Michael Parker: Law and religion, in: Michael Gagarin und David Cohen (Hrsg.): The Cambridge companion to ancient Greek law, Cambridge 2005, 61–81
Wolfgang H. Pleger: Sokrates. Der Beginn des philosophischen Dialogs, Reinbek 1998
Carola Reinsberg: Ehe, Hetärentum und Knabenliebe im antiken Griechenland, München 1989
Joseph Roisman und Ian Worthington: A Companion to Ancient Macedonia, Hoboken 2010
Josef A. Schmid: Olympias. Die Mutter Alexander des Großen, Norderstedt 2006

ROM

Géza Alföldy: Römische Sozialgeschichte, Wiesbaden ³1984
Jochen Bleicken: Geschichte der römischen Republik, München 2004
Klaus Bringmann: Römische Geschichte. Von den Anfängen bis zur Spätantike, München ⁸2004
Luciano Canfora: Caesar. Der demokratische Diktator. Eine Biographie, München 2004
Edward Champlin: Nero. Cambridge, M. A. 2003
Karl Christ: Geschichte der römischen Kaiserzeit. Von Augustus zu Konstantin, München ⁵2005
Karl Christ: Sulla. Eine römische Karriere, München 2002
Chaim Cohn, Der Prozeß und Tod Jesu aus jüdischer Sicht, Berlin 2001
Frank H. Cowles: Gaius Verres. An Historical Study, Cornell 1917
Werner Dahlheim: Die griechisch-römische Antike, Bd. 2: Stadt und Imperium. Die Geschichte Roms und seines Weltreiches, Paderborn ³1997
Werner Dahlheim: Augustus. Aufrührer – Herrscher – Heiland, München 2010
Thomas Dittelbach: Geschichte Siziliens. Von der Antike bis heute, München 2010
Werner Eck: Agrippina, die Stadtgründerin Kölns. Eine Frau in der frühkaiserlichen Politik, Köln 1993
Werner Eck: Augustus und seine Zeit, München ³2003
Catharine Edwards, The Politics of Immorality in Ancient Rome, Cambridge 1993
Stephan Elbern: Nero. Kaiser, Künstler, Antichrist, Mainz 2010
Fiona Forsyth: Cicero. Defender of the Republic, New York 2003
Matthias Gelzer: Pompeius. Lebensbild eines Römers, Stuttgart 2005
Fritz Graf: Gottesnähe und Schadenzauber. Die Magie in der griechisch-römischen Antike, München 1996
Horst Herrmann: Nero. Eine Biographie, Berlin 2005
Henner von Hesberg: Römische Baukunst, München 2005
Martin Jehne: Caesar, München ²2001
Karl Jaroš: In Sachen Pontius Pilatus, Mainz 2002
Marcus Junkelmann: Hollywoods Traum von Rom. „Gladiator" und die Tradition des Monumentalfilms, Mainz 2004
Arnulf Krause: Die Welt der Kelten: Geschichte und Mythos eines rätselhaften Volkes, Frankfurt/Main ²2007

Donald G. Kyle: Spectacles of Death in Ancient Rome, London/New York 1998

Detlef Liebs: Vor den Richtern Roms. Berühmte Prozesse der Antike, München 2007

Jürgen Malitz: Nero. München 1999

Philip Matyszak und Joanne Berry: Who is who im alten Rom, Mainz 2008

James M. May: Trials of Character. The Eloquence of Ciceronian Ethos, Chapel Hill 1988

Marcus Reuter und Romina Schiavone (Hrsg.): Gefährliches Pflaster. Kriminalität im Römischen Reich, Darmstadt 2011

Ulrike Riemer: Was ziemt einer kaiserlichen Ehefrau? Die Kaiserfrauen in den Viten Suetons, in: Christiane Kunst und Ulrike Riemer (Hrsg.): Grenzen der Macht. Zur Rolle der römischen Kaiserfrauen, Stuttgart 2000, 135–156

Kar Schubert: Jesus im Lichte der Religionsgeschichte des Judentums, Wien 1973

Robin Seager: The rise of Pompey, in: J. A. Crook, Andrew Lintott und Elizabeth Rawson (Hrsg.): The Cambridge ancient history, Bd. 9: The last age of the Roman Republic 146–43 B. C., Cambridge 1994, 208–228

Robin Seager: Tiberius, Malden ^{2}2005

Susan O. Shapiro: O tempora! O mores! Cicero's Catilinarian Orations, Norman 2005

Alfred Söllner: Die Zwölftafelgesetzgebung, in: Andreas Patzer (Hrsg.): Streifzüge durch die antike Welt. Ein historisches Lesebuch, München 1994, 208–214

Pat Southern: Augustus, New York 1998

Barry S. Strauss: The Spartacus War, New York 2009

Wilfried Stroh: Cicero. Redner, Staatsmann, Philosoph, München 2008

W. Jeffrey Tatum: The patrician tribune. Publius Clodius Pulcher, Chapel Hill 1999

Hildegard Temporini-Vitzthum: Die Kaiserinnen Roms. Von Livia bis Theodora, München 2002

Colin Wells: The Roman Empire, Cambridge M. A. ^{2}1994

Martin M. Winkler (Hrsg.): Spartacus. Film and History, Malden 2007

Michael Zahrnt: Spartacus. Der peinliche Krieg gegen die Sklaven, in: Elke Stein-Hölkeskamp und Karl-Joachim Hölkeskamp (Hrsg.): Erinnerungsorte der Antike, Bd. 1: Die römische Welt, München 2006, 219–233

SPÄTANTIKE

Hartwin Brandt: Geschichte der römischen Kaiserzeit. Von Diokletian und Konstantin bis zum Ende der konstantinischen Dynastie (284–363), Berlin 1998
Henry Chadwick: Priscillian of Avila. The Occult and the Charismatic in the Early Church, Oxford 1997
Peter O. Chotjewitz: Der Fall Hypatia. Eine Verfolgung, Hamburg 2002
Manfred Clauss: Konstantin der Große und seine Zeit, München ³2007
Karlheinz Deschner: Kriminalgeschichte des Christentums. Bd. 1: Die Frühzeit, Reinbek 1994
María Dzielska: Hypatia of Alexandria, Cambridge M. A. 1995
Eric Fournier: Exiled Bishops, in: Harold Allen Drake (Hrsg.): Violence in late antiquity. Perceptions and practices, Aldershot 2006, 157–166
Daniel König: Bekehrungsmotive, Husum 2008
Hartmut Leppin: Theodosius der Große. Auf dem Weg zum christlichen Imperium, Darmstadt 2003
Theodor Mommsen: Römische Kaisergeschichte. Herausgegeben von Barbara und Alexander Demandt, München ²2005
Hans A. Pohlsander: The Emperor Constantine, New York ²2004